남북 경제
금융 상식 용어 해설

같은뜻다른말 同意異音語

머릿글

요즘은 거의 매일 북한 관련 기사가 언론을 통해서 보도되고 있다. “금융인 1호 북한학 박사”라는 호칭을 받은 지도 어언 6년의 시간이 흘렀다. 처음 학위를 받을 당시만 해도 ‘금융인 출신’이라는 이력이 자못 희귀했기 때문에 언론의 주목도 받았지만 한 일도 없이 벌써 옛일이 되어버렸다.

언젠가 북쪽에서 온 친구를 만나기로 하였는데 이 사람이 약속한 시간보다 상당히 늦게 만나는 장소에 도착했다. 자초지종을 들어보니 은행에서 돈을 찾아 오는데, 처음 가입한 은행 지점에 다녀오느라 늦었다는 것이다. 그 친구는 최초에 통장을 개설한 은행 지점에서 항상 거래해야만 하는 것으로 알고 멀리 있는 그곳에 다녀오느라 예상치 못하게 늦었다고 했다. 그 친구는 사소한 은행 이용법도 모르고 있었던 것이다. 은행에서 근무한 경력이 있는 금융인으로서 뭔가에 대한 생각이 떠오르는 순간이었다. 일종의 사명감이랄까!

최근에 남북관계가 개선되면서 국내 금융기관들도 서서히 대북투자나 진출을 검토한다는 기사들이 나오고 있다. 배운 것이 도둑질이라고 그러한 기사가 나올 때 마다 금융의 관점에서 무엇을 준비해야 하나? 라는 고민을 했다. 그리고 떠오른 생각이 정작 북한에 가서 회의를 하더라도 상호 사용하는 금융언어가 같을까? 혹은 그와 관계된 자료나 있을까? 라는 생각이다. 지금까지 남북언어 차이를 극복하기 위해 많은 전문가들이 남북말 관련 사전들을 꾸준히 만들고 있는 중인데 경제나 금융용어에 관한 자료 또는 출판물은 아직 접해보지 못했다는 생각이 들었다. 아마도 아직까지는 남과 북의 금융언어 이해에 대한 필요도가 높아지지 않았기에 그랬을 것이다.

과거에 실물경제의 지식을 토대로 "통일비용 어떻게 마련할 것인가?"를 집필했다면 이제는 금융실무와 북한학을 접목하여 남북한 경제·금융언어 해설집을 만들어야 할 시기가 도래된 것 같다. 할머니께서 꼬깃 꼬깃 접어서 보관해둔 쌈짓돈 같이 그동안 조금씩 메모해두고 준비해둔 자료들을 꺼내어 나만의 특화된 지식을 녹여내어 북한 경제와 금융관련 용어집을 만든다면 나름 의미가 있을 것이란 생각에 도달했다.

남과 북이 하나되어 경제교류를 하고 더 나아가 금융교류를 할 시기를 대비해서 서로 사용하는 금융언어의 사전학습은 매우 중요할 뿐 아니라, 남한의 금융기관을 잘 이용하는 사람이나 그렇지 못한 사람과 미래에 북에서 남쪽으로 투자하는 환경과 조건이 마련되는 시기를 위해 남과 북 상호 간의 경제·금융언어에 대한 사전학습은 당연히 필요할 것이다. 아울러 과거에 남쪽으로 정착하신 분들을 실향민(失鄕民)이라고 하고, 근래에 정착하신 이향민(離鄕民)과 가까운 장래에 남과 북이 하나되었을 때 고향으로 돌아가는 귀향민(歸鄕民) 이렇게 3세대에게도 꼭 필요한 경제·금융 지침서가 될 수 있을 것이다.

북한을 배우고 학습한 북한 금융과 금융기관에서 근무했던 실무경험을 되살려 남북한 경제·금융언어를 남과 북의 각각의 표현 방식대로 상호 설명하는 해설집을 만들어 보기로 했다. 자료를 찾아보았으나 상호 경제·금융 산업의 제도나 발전 그리고 현재 상황이 너무 많은 차이가 있었고 실제로 사전적인 용어들이 대부분이었을 뿐, 해당되는 단어의 수량이 기대 수준에 턱없이 부족하였다. 우선적으로 용어나 내용이 확연하게 다른 단어들부터 선별했고, 선별된 단어는 상호 대비를 어떻게 해야 할지? 심지어는 단어 하나를 몇 십 번 읽어보고 상호 내용에 합당하고 걸맞는 단어를 찾거나 기억해 내어 입력하는 방법으로 작성하였는데 이러한 작업이 그다지 쉽지만은 않은 작업이었다. 덕분에 남북한의 경제·금융언어의 장벽이 너무 크다는 것을 더욱 실감하게 되었다.

남과 북이 하나되기 위해서 언어, 체육, 문화, 종교, 예술, 건축, 철도 등 여러 분야에서 교류와 통합을 위한 노력과 연구가 진행되고 있다. 이제는 경제와 금융 분야도 교류되어야 할 시기라고 생각한다. 책이라고 하기에는 너무나 부족한 부분이 많지만 스스로 자료 수집에 한계성으로 핑계를 삼기보다는 남북한 경제·금융 통합의 시작점이 되는 계기로 생각하고 금번 출판에 이어서 지속적으로 남북한 경제·금융통합이 되는 자료발굴과 북한금융학자로서의 책임과 소임을 다할 계획이다.

책을 만들면서 부족한 나의 지식에 많은 조언과 아낌없이 지식에 보탬을 주신 과거 직장 동료분들, 북한연구소 이사장님 이하 직원분들 그리고 오늘날 이런 책을 만들 수 있는 학문적 기반을 쌓을 수 있도록 대학원에서 훌륭한 지도를 해주셨던 동국대학교 북한학과 교수님들과 그 외에 나에게 많은 사랑과 배려를 아끼지 않으신 여러분께 감사 인사를 드린다. 또한 그동안 몸 담았던 은행을 떠나 북한학 학자의 길을 가는 데 끝없는 성원과 관심을 보내준 가족들 그리고 사랑하는 아내 정상미와 두 아들 태형과 경환에게도 감사함을 전하고 싶다. 아울러 이 책이 나오기까지 친절한 조언을 해주신 수류책방 오세룡 대표님 이하 직원분들께도 감사의 인사를 드린다.

실향민 2세임에도 깨달음이 부족하여 부모님 생전에 북한학에 입문하지 못한 부모님께 대한 죄스러움과 불효에 대한 용서 그리고 나 자신 스스로에게 이 책을 통해서 위안을 받고자 한다. 아울러 부모님의 고향인 강서에서도 이 책이 읽혀지는 날이 오길 간절히 기원한다.

저자

목차

남북 경제 금융 상식 용어 해설

부록

01

예금

결제환절 ⇔ 결제단위
계시서 ⇔ 거래내역확인서
돈넣기 ⇔ 입금거래
돈빼기(돈찾기) ⇔ 출금거래
돈자리(구좌) ⇔ 예금계좌
돈자리개설(구좌개설) ⇔ 예금계좌 신규
류통면화폐 ⇔ 시재(시재현금)
림시돈자리 ⇔ 자계좌
맞비기기결제(상쇄결제) ⇔ 상계
무현금거래(환자거래) ⇔ 대체거래
보통저금 ⇔ 보통예금
수면돈자리 ⇔ 거래중지계좌(휴먼계좌, 휴먼예금계좌)
수표(手票) ⇔ 서명(署名)
수형 ⇔ 어음
수형교환소 ⇔ 어음교환소
순환자(넣는 환자거래) ⇔ 송금환(전금)
역환자(떼는 환자거래) ⇔ 역환
우대종합통장
은행간 자동지불결제체계 ⇔ 은행간 온라인 자금결제시스템
자동환치체계 ⇔ 자동이체(자동계좌이체)
저금 ⇔ 예금
정액저금 ⇔ 정기적금(적립식예금)
주택청약종합저축
준비저금 ⇔ 거치식 예금(정기예금)
즉시지불저금 ⇔ 요구불 예금(입출금이 자유로운 예금)
첨가금(더하기), 감가금(덜기) ⇔ 할증료(웃돈, 추가금), 할인료(깍는돈)
체신저금 ⇔ 체신예금
칭량화폐(평량화폐) ⇔ 중량화폐
환금 ⇔ 송금
환치 ⇔ 이체(대체)
행표(行票) ⇔ 수표(手票)

01 예금

1 결제환절 ⇔ 결제단위

북 ▸▸ 은행에 설치한 돈자리를 통하여 물자대금을 무현금결제 조직 속에서 결제하는 데 참가하는 단위나 중간 다리로서 은행의 견지에서 결제환절은 자금환치의 매 연결고리이다. 결제환절은 물자거래와 관련하여 해당한 물자가 생산자 기업소로부터 소비자 기업소에 공급될 때까지의 과정속에 대금결제 하는 때에 참여하는 단위 즉 결제단위를 표현하는 개념이라고 할 수 있다.

[출처] 재정금융사전 (사회과학출판사 1995) p57

남 ▸▸ 은행에 개설된 계좌의 잔고범위 내에서 물품대금 결제나 다른 사람에게 송금을 하는 데 있어 송금하는 금액의 단위를 결제단위라 한다. 일반적으로 송금의 경우가 아닌 현금으로 주고받는 거래의 경우에는 대체로 10원 단위 미만은 주고받지 않고 있고, 실제적으로 10원 단위 미만의 5원이나 1원은 유통되지 않아서 사용하지는 않는다. 그러나 현금을 수반하지 않고 금융기관에서 송금을 하거나 카드사용대금 등을 결제할 때에는 결제단위를 원 단위까지 포함하여 사용하고 있다.

2 계시서 ⇔ 거래내역확인서

북 ▸▸ 은행이 일정한 기간에 이루어진 예금돈자리의 입·출금정형을 일 또는 월, 분기 등 정해진 기간마다 만들어 예금자에게 보내주어 그것을 대조확인할 수 있게 하는 문건으로 계시서는 은행과의 자금 거래에서 정확성을 보장하고 부정행위를 막는데서 일정한 의의를 가진다.

[출처] 재정금융사전 (사회과학출판사 1995) p304~305

남 ▸▸ 개인이나 기관, 기업에서 개설한 금융기관 계좌의 입·출금거래내역을 말하며, 고객(개인, 기관, 기업)의 요청이 있는 경우 해당 금융기관에서 발행하여 주는 서류를 말한다.

3 돈넣기 ⇔ 입금거래

북 ▸▸ 금융기관에 돈거래를 계산하기 위하여 설정해 놓은 계산 자리에 돈을 들여놓는 일을 말하는데 저금이라고도 한다.

[출처] 남북통일말사전 (두산동아 2006) p426

남 ▸▸ 은행에 개설된 통장에 돈(현금 즉 지폐나 주화) 또는 수표 등을 입금하는 일로 예금 또는 저축을 말하는데 통상적으로는 입금이라고 한다.

4 돈빼기(돈찾기) ⇔ 출금거래

북 ▸▸ 금융기관에 돈거래를 계산하기 위하여 설정해 놓은 계산 자리에 돈을 내어가는 일을 말한다.

남 ▸▸ 은행에 개설된 통장에서 현금 또는 수표 등으로 출금하는 일을 말한다. 은행에서 통장으로 출금(지급) 거래시에는 통장을 가지고가서 출금거래[1]를 하여야 한다. 이때 통장개설 때 신고한 도장이나 서명으로

---

1) 서명(사인)으로 출금(지급)시에는 서명의 필체를 정확히 확인하기 어려울 경우가 있으므로 신분증을 지참하고 은행에 방문해야 한다. 서명으로 거래하여 출금하는 경우에는 본인의 서명임을 확인받기 위해서 통장, 출금청구서와 본인의 신분증을 은행에 제출하여 출금요청을 해야 한다.

2) 현금자동입출금기 또는 자동금융거래단말기라고도 하는데 ATM(Automatic Teller's Machine)은 과거 은행이 고객들에게 예금을 지급할 때에는 은행 지점의 창구에서 은행원이 직접 지급을 하였다. 그러나 현재는 은행의 경제성 및 거래의 편리성과 좁은 장소에서의 고객의 접근이 용이하도록 하기 위하여 자동화기기를 이용한 은행업무처리를 증가시키고 있다. 자동화기기 중 현금 및 수표의 입금과 출금을 해주는 기계를 현금자동입출금기라고 한다. 또한 금융기관의 거래고객이 영업점의 영업시간 또는 창구를 통할 수 없는 영업 외 시간 그리고 휴일에도 은행창구의 은행원이 하는 업무와 같은 현금 지급업무, 현금 입금업무, 계좌이체 업무처리 등을 자동으로 해주는 기계로서 은행의 기본적인 업무를 사람대신 수행하는 기계를 말한다. ATM은 금융기관의 영업시간 및 영업외 시간 운영과 휴일 운영 등 은행영업점 내 창구나 은행이 아닌 별도의 장소 등에 온라인으로 연결하여 설치되어 있어서 고객이 직접 조작하여 입금 및 지급업무를 할 수 있는 기계를 말한다.
   [출처] 금융실무대사전 II (한국금융연수원 2006) p1165
   ㈜ 현재는 지폐거래만 운영하고 있음.

3) 인터넷뱅킹(Internet Banking)은 인터넷을 통해 은행업무를 처리하는 금융시스템으로 컴퓨터 통신망인 인터넷을 이용하여 은행 업무를 처리하는 금융 시스템을 말한다. 인터넷뱅킹을 제공하는 은행마다 서비스 내용이 조금씩 다르지만 대부분 인터넷이 가능한 컴퓨터에서는 전 세계에서 언제 어디서나 개인 인증 확인을 거쳐 송금, 입출금 내역 확인, 계좌생성, 자동이체, 대출 등 기본적인 금융서비스 외에도 계좌통합서비스, 기업 간(B2B : Business-To-Business) 전자상거래결제서비스 등의 금융도 할 수 있다. 인터넷뱅킹을 하기 위해서는 은행

은행에서 지급(출금)요청을 하면 출금이 가능하다. 입·출금거래는 은행이 아닌 ATM[2](자동화기기), 인터넷뱅킹[3], 모바일뱅킹[4], 폰뱅킹[5] 거래로 가능하나 계좌에 의한 송금이나 출금이 아닌 현금만으로 입·출금거래는 은행창구에서의 통장거래나 ATM(자동화기기)거래에서만 현금 입·출금이 가능하다.

창구에서 사전에 인터넷뱅킹 사용 신청을 해야 하며, 보안을 위해서 인증서를 생성하고 비밀번호 등을 확인해야 한다. 인터넷뱅킹은 전 세계의 사람들을 고객으로 삼아 영업활동을 벌일 수 있다는 장점이 있고, 인터넷 이용고객이 상대적으로 젊고 중산층 이상이므로 막대한 시장잠재력을 지니고 있을 뿐 아니라, 은행에 방문하는 고객은 감소하고 있고 인터넷을 이용하는 고객이 급증하고 있다.

[출처] 금융실무대사전 Ⅴ(한국금융연수원 2006) p714

4) 은행을 거래하는 고객이 인터넷이 가능한 휴대전화나 PDA 또는 스마트폰 등 이동통신기기를 매개체로 무선인터넷을 통해 언제 어디서나 장소에 구애받지 않고 편리하게 거래금융기관의 전산시스템과 연결하여 거래금융기관에서 제공하는 잔액조회, 계좌이체, 환율조회, 자기앞수표 조회, 거래내역 조회, 신용카드 거래, 현금서비스 등의 금융서비스를 이용하는 것을 말한다. 인터넷을 기반으로 하는 방식으로 운영되지만 이동 중에도 인터넷과 연결되어 있으면 수시로 이용할 수 있다는 점에서 인터넷뱅킹과는 구분되어 진다.

[출처] 금융실무대사전 Ⅴ(한국금융연수원 2006) p311~312

5) 텔레뱅킹·텔레폰뱅킹·폰뱅킹·리모트뱅킹이라고도 하는데 고객이 직접 은행에 방문하지 않고 전화를 이용하여 은행거래를 할 수 있는 시스템으로 잔고조회, 거래은행간의 송금뿐만 아니라 타행송금, 정기적금, 대출이자, 주택청약, 지로 및 공과금 납부 등에 대한 자동이체 신청 또는 해지 및 신규개설 또는 상담 등의 은행업무를 전화로 처리할 수 있는 것을 말한다. 각 은행의 텔레뱅킹 센터에 전화가 연결되면, 전화기에 설치된 음성 자동응답시스템의 안내에 따라 전화버튼을 차례로 누르면 자동으로 컴퓨터가 처리한다. 이용할 때는 계좌비밀번호·텔레뱅킹 비밀번호·주민등록번호·계좌번호를 알아야 한다. 은행 입장에서는 인력 채용과 관리 비용에 따른 부담을 경감할 수 있고, 고객은 은행에 가지 않고 거래시간의 제한 없이 전화를 이용하여 은행 업무를 처리할 수 있어서 시간이나 제반 비용의 절감효과가 있다.

[출처] 금융실무대사전 Ⅴ(한국금융연수원 2006) p925

5 돈자리(구좌) ⇔ 예금계좌

북 ▸▸ 기관, 기업소 또는 개인 등이 은행에 돈을 맡겨놓고 돈거래를 계산하기 위하여 설정해 놓은 계산 자리로서 저금 거래대상자별로 거래정형을 기록 계산하기 위하여 은행의 부기장부에 설정한 자리를 말하는데 돈자리를 구좌(口座)라고도 한다.

[출처] 경제사전 1 (사회과학출판사 1985) p447,
남북통일말사전 (두산동아 2006) p426,
재정금융사전 (사회과학출판사 1995) p898

남 ▸▸ 개인이나 기관, 법인, 단체 등이 은행에 돈을 맡길 수 있도록 만든 자리를 계좌(計座)라고 한다. 예금을 할 수 있도록 은행에서는 내 이름으로 계좌를 만들게 되면 계좌번호가 입력(기입)된 통장(증서, 증표)을 만들어 준다. 일반적으로 "예금계좌" 또는 "예금통장"이라 한다.

6 돈자리개설(구좌개설) ⇔ 예금계좌 신규

북 ▸▸ 개인이나 기관, 법인, 단체 및 기업소들이 화폐거래를 진행하기 위하여 은행에 예금 돈자리를 내오는 것을 말한다. 기관, 기업소들은 필요에 따라 기본 돈자리 외에 보조 돈자리를 설치할 수 있는데, 원칙적으로 보조예금 돈자리는 상급은행의 승인을 받고 개설해야만 법적효력을 가질 수 있다.

[출처] 재정금융사전 (사회과학출판사 1995) p389

남 ▸▸ 은행에서 예금거래를 시작할 때에는 예금거래 시에 사용할 도장(인장)과 서명 신고를 해야 한다. 신고하는 도장의 인영(도장에 새겨진 이름)은 예금주의 이름과 같은 경우가 일반적일 수 있으나, 반드시 예금주 이름과 일치하여야만 하는 것은 아니다. 그러나 출금을 할 경우에는 반드시 신고한 도장으로 날인한 예금출금(지급) 청구서를 제출해야만 한다.

서명으로 신고한 경우에는 신고된 서명으로 작성한 예금출금(지급) 청구서를 제출해야 하고 동시에 신분증(주민등록증, 운전면허증, 여권 등)을 제출하여 본인확인을 받아야 한다. 또한 예금계좌(예금통장) 개설시에는 도장, 서명과 함께 4자리 숫자로 비밀번호를 정해야 한다. 비밀번호는 본인 이외에 제3자(본인을 제외한 타인, 은행직원 등)가 알지 못하도록 주의하여야 한다. 입금하는 경우에는 도장 또는 서명 그리고 비밀번호가 필요 없으나, 출금하는 경우에는 도장, 서명, 비밀번호가 꼭 필요하다. 통장 하나에 도장이나 서명 두 가지를 동시에 함께 등록하여 각각 사용도 가능하다.

7 류통면화폐 ⇔ 시재(시재현금)

북 ▸▸ 은행이 기관, 기업소들과 주민들에 대한 일상적인 현금지출을 원만히 보장하기 위하여 보관 관리하는 일정한 양의 현금을 표현하는 것으로 은행이 현금이 필요한 때 제때에 원만히 지불하자면 일정한 양의 현금을 일상적으로 가지고 있어야 하는데 은행의 출납은 이러한 요구로부터 가지고 있는 일정한 양의 현금을 류통면화폐라고 한다.

[출처] 재정금융사전 (사회과학출판사 1995) p460

남 ▸▸ 은행은 각 영업점(지점)에서 은행 업무를 수행하기 위하여 지점의 규모에 따라 일정액의 현금을 항상 보유해야 한다. 이때에 은행에서 보유하고 있는 현금을 말하는데, 은행에서 은행원들이 은행 업무를 수행하면서 실무에 이용하는 현금을 통상적으로 시재, 또는 시재현금이라고 표현한다.

8 림시돈자리 ⇔ 자계좌

북 ▸▸ 기관, 기업소들이 자기 소재지를 벗어나 다른 지역에서 일정한 기관 업무활동들을 진행할 때 그쪽 해당 지역의 은행기관에 임시적으로 설치하는 돈자리를 말한다.

수매기관이 계절성을 띠는 농산물과 토산물을 다른 지역에서 이동하여 수매할 때 또는 기관, 기업소가 국가적 조치에 의해 일정한 기간 다른 지역에서 건설공사를 진행할 때, 상업기관이 다른 지역에 가서 이동판매를 할 때와 같이 기관, 기업소들은 맡겨진 국가계획을 성과적으로 수행하기 위하여 자기 소재지 밖의 다른 지역에서 업무활동들을 진행하는 경우와 상업기관이 다른 지역에 가서 이동판매를 할 때에 기본돈자리 이외에 해당지역 은행기관에 림시적으로 돈자리를 가질 수 있다.

림시돈자리에서는 현지 업무활동의 대상에 따라 화폐자금의 수입과 지출거래를 할 수도 있고 기본돈자리로 부터 넘겨받은 자금으로 지출거래만 하거나 수입금만 넣고 일정한 기간마다 그것을 기본돈자리에 집중시키는 거래만 할 수도 있다.

또한 림시돈자리를 관리할 대리인을 정하고 자기 거래은행 또는 그보다 한급 높은 상급은행에 림시돈자리를 설치할데에 대한 신청을 내야하고, 림시돈자리 설치가 승인되면 대리인이 현지은행과 거래할 때 쓸 도장표를 내놓고 결제문서들에 반드시 그 도장을 찍어야만 한다. 따라서 림시돈자리는 기관, 기업소들의 경영활동을 원만히 보장하고 성과적으로 수행하도록 이바지 하는 데 있다.

[출처] 재정금융사전 (사회과학출판사 1995) p481

남 ▸▸ 개인이나 기업이 사업이나 기타활동을 통하여 은행거래를 할 때에 주로 거래하는 기본계좌(모계좌) 이외에 새롭게 발생되는 업무나 기존 업무에서 파생되어 회계를 구분하거나 다른 용도를 위하여 별도로 구분하여 거래가 필요할 경우 기본계좌 이외에 추가로 새롭게 만드는 계좌(자계좌)를 말한다.

은행에서는 모계좌와 자계좌를 별도로 구분하여 개설해주지 않지만 계좌를 만드는 예금주가 별도로 구분하여 이용하여야 하고, 각각의 통장을 활용하는 운용방식에 따라 모계좌와 자계좌로 구분되어질 수 있다.

주 은행에서는 특별히 모계좌나 자계를 만들어줄 때 별도로 승인을 받는 절차에 따른 승인서가 필수적으로 필요하지는 않지만 기업에서 내규 운영에 따라서 별도로 결재나 승인절차를 거쳐서 만들 수도 있다. 또한 최근에 남한에서는 일회용으로 입금만을 받기 위해서 통장없이 한시적으로 계좌만 만들어서 금융거래를 할 수 있는 가상계좌, 또는 기업의 본사에서 각 대리점이나 지점에서 입금받은 자금을 본점의 모계좌로 집중시키기 위해 개설해서 운영하는 계좌를 집금계좌라고 한다. 림시돈자리의 의미를 상대적으로 적절한 표현이나 합당하고 그에 걸맞게 운영되는 계좌가 없어서 자계좌로 국한하여 설명할 수밖에 없는 점은 남과 북의 금융제도나 운영시스템 등의 차이에서 오는 한계성에 있다고 할 수 있다.

9 맞비기기결제(상쇄결제) ⇔ 상계

북 ▸▸ 경제 관련 기관이나 기업소들 사이에서 채권·채무를 자금의 이동이 없이 장부상에서만 청산하는 방법으로 진행하는 결제를 말하는데, 맞비기기결제는 기관, 기업소들 사이에서 물어줄 돈과 받을 돈이 서로 맞물려 있는 경우에만 이루어진다.

경제적으로 밀접히 연결되어 있는 여러 기업소 당사자들이 계약에 근거하여 물자를 보내고 받는데, 이때 해당한 대금의 지불을 청구하는 때에 청구된 금액 중에서 서로 합치되는 자금을 맞비기기 하거나, 금액이 서로 합치되지 않을 경우에는 크기만큼만 맞비기고 나머지 금액은 해당 기업소의 돈자리에 넣어주는 방법으로 진행하는 것을 말한다.

[출처] 경제사전 1 (사회과학출판사 1985) p555,
재정금융사전 (사회과학출판사 1995) p696~697

남 ▸▸ 채권자와 채무자가 동종의 채권·채무를 가지는 경우에 일방적인 의사 표시로서 채권자와 채무자 상호 대등액의 채권과 채무를 소멸시키는 방식을 말한다. 예컨대 A가 B은행에 정기예금 5백만 원을 예치하였고, A는 B은행에 예치된 자신의 예금 중 3백만 원을 B은행으로부터 대출 받은 경우 A와 B는 상호 채권·채무의 의무가 있다.

A는 B에 대하여 예금 5백만 원 청구권과 3백만 원의 채무 그리고 B는 A에 대하여 3백만 원 채권과 5백만 원의 채무가 있다. 따라서 A의 예금 만기일에 B은행은 A가 빌려간 3백만 원을 A의 예금을 해지하여 3백만 원과 이자를 갚고 나머지 금액을 A의 예금계좌에 입금해주는 방식을 말한다. 이때 A와 B의 금전 채권·채무가 같은 금액인 경우에는 상계라고 한다. 그러나 위의 경우와 같이 상호 채권·채권금액이 일치하지 않는 경우에는 일부상계처리라고 말한다.

[출처] 금융실무대사전 I (한국금융연수원 2006) p334

10 무현금거래(환자거래) ⇔ 대체거래

북 ▸▸ 대부, 예금과 함께 은행의 3대업무로서 서로 다른 지역에 있는 은행들 사이에서 돈거래를 직접 현금을 주고받음이 없이 은행에 설치된 돈자리를 통하여 문건상으로만 결재를 진행하는 것으로 거래자들의 채권·채무를 결제하는 은행업무조직형태로서 환자거래란 자금을 바꾸어놓는 거래라는 뜻을 표현한 것이다. 국내는 물론 국제거래 시에도 환자거래를 리용하여 결재하는 방식이며, 환치거래라고도 한다.

[출처] 경제사전 1 (사회과학출판사 1985) p565,
재정금융사전 (사회과학출판사 1995) p489, 1298~1299

남 ▸▸ 주로 은행에서는 현금이 수반되지 않는 상태에서 거래하는 경우로서 이를 대체거래라고 한다. 예를 들면 내 통장에서 5만 원을 출금해서 다른 상대방 통장에 5만 원을 입금하는 거래를 대체거래라고 한다. 이는 계산상 실제로 현금을 출금하는 것 이지만 나한테 현금을 주거나 받지 않은 상태로 처리하는 경우의 업무를 말한다.

11 보통저금 ⇔ 보통예금

북 ▸▸ 여유돈을 언제든지 저금하였다가 필요할 때마다 찾을 수 있는 저금을 말한다. 보통저금의 특징은 저금할 금액과 기한이 정해져 있지 않고 저금하는 사람들이 필요에 따라 임의의 시기에 저금하였다가 필요한 시기 아무 때나 찾을 수 있는 편리한 저금형태를 말한다.

[출처] 경제사전 1 (사회과학출판사 1985) p613,
재정금융사전 (사회과학출판사 1995) p558

남 ▸▸ 입금 및 출금이 자유로운 요구불예금에 속하며, 거래대상, 예치금액, 예치기간, 입출금 횟수 등에 아무런 제한이 없이 통장으로 거래되는 요구불예금의 일종이다. 예금에 대한 이자는 매우 낮으며, 일정금액 이하인 경우에는 이자를 지급하지 않기도 한다.

과거에는 요구불예금의 대표적인 종류라고 할 수 있었으나, 최근에는 저축예금, 시장금리부 저축예금(MMDA)[6] 등 입출금이 자유로우면서도 고금리를 지급하는 상품이 많이 개발되어 이자수익의 목적이 아닌 일반적으로 금융거래를 위한 목적으로 주로 사용되고 있다.

---

6) MMDA (Money Market Deposit Account)보통예금처럼 가입대상에 제한이 없고 입출금이 자유로운 예금으로 은행에서 취급하는 시장금리부 수시입출금식 예금의 약어로서, 각종 이체 공과금이나 신용카드 대금을 자동이체하거나 결제도 할 수 있으며, 예금자보호법에 의하여 5천만 원 한도 내에서 보호를 받을 수 있다. 시장성 금리를 적용하여 보통예금보다 비교적 높은 이자를 지급하는 것이 특징인데, 금리는 금액별로 차등화 되어 있으며, 금액이 클수록 고금리를 받는다. 5백만 원 이하일 때는 저축예금보다 금리가 낮기 때문에 5백만 원 이상의 일시적인 목돈을 1개월 이내의 초단기로 운용할 때 유리하다. 단 5백만 원 미만의 소액이거나 법인의 경우 예치기간이 7일 미만일 때는 이자율이 낮거나 없을 수도 있다. 또한 가입기간과 한도에는 제한이 없으며, 거래실적에 따라 마이너스 자동대출도 받을 수 있는 장점을 가지고 있는 예금상품이다.
[출처] 경제용어사전 (더난출판 2009) p1001~1002

그러나 최근 들어서 예금통장의 성격이나 목적에 반하여 보이스피싱[7], 대포통장[8] 등의 피해를 예방하기 위하여 예금통장 개설 시에 계좌수를 개인별로 제한하거나 통장사용 목적 등을 금융기관에서 심사한 후 개설해주는 등으로 신규개설 시 심사를 강화하여 운영하고 있다.

[출처] 금융실무대사전Ⅴ(한국금융연수원 2006) p383

7) 전화 등을 이용해 상대방을 속이거나, 신용카드 번호 또는 개인금융 정보를 알아낸 뒤 이를 범죄에 이용하고, 금융회사 등을 사칭해 돈을 빼내는 전화금융사기수법으로 음성(Voice)과 개인정보(Private data), 낚시(Fishing)를 합성한 용어로 전화를 이용하여 불법적으로 얻은 타인의 개인정보를 이용해 사기 등의 수법으로 돈을 빼내는 범죄 행위의 신조어이다.
[출처] 경제용어사전 (더난출판 2009) p376

8) 통장을 개설하여 개설한 사람이 사용하지 않고 다른 사람이 사용하는 것으로, 제3자의 명의를 도용하여 통장의 실사용자와 명의자가 다른 통장을 말하는데, 차명계좌라고도 한다. 대포통장은 세금탈세를 목적 등으로 일정한 수익을 다른 사람의 계좌에 입금토록 하여, 세금납부를 회피하는 등 경제 질서를 문란케 하거나 전화를 이용해서 돈을 입금하도록 한 후 사라지는 보이스 피싱과 함께 각종 범죄에 중요한 수단으로 이용된다는 점이 대표적 문제점이라고 할 수 있다. 대포통장의 사용자는 물론 대포통장을 만들어서 타인에게 넘기는 행위도 중범죄로 처벌하고 있다.

12 수면돈자리 ⇔ 거래중지계좌(휴먼계좌, 휴먼예금계좌)

북 ▸▸ 은행이 기관, 기업소, 개인들과 예금거래를 진행하는 과정에 오랜기간 거래가 끊어진 돈자리를 말하는데, 오랜 기간 거래가 중단되어 잠자는 상태에 있는 돈자리라고도 하며 거래 중단 돈자리라고도 말한다.

[출처] 재정금융사전 (사회과학출판사 1995) p749

남 ▸▸ 은행, 증권사, 보험회사 등 금융기관들은 소액의 수시입출금식 예금(보통예금, 저축예금 등)계좌 중 잔액은 남아있으면서 일정기간 거래가 없어 입출금이 중단된 경우 이를 거래중지계좌라고 하며, 이러한 거래중지계좌는 별도로 관리하고 있는데, 이를 휴먼예금계좌라고 하고 고객이 찾아가지 않아서 휴먼계좌에 남아있는 금액을 휴먼예금 이라고 한다.

[출처] 경제용어사전 (더난출판 2010) p923,
금융실무대사전 I (한국금융연수원 2006) p872,
네이버지식백과 (2018.7.11 인터넷 검색)

13 수표(手票) ⇔ 서명(署名)

북 ▸▸ 서명(署名) 또는 사인(Sign) 증명이나 확인을 위하여 도장이나 인장 같은 것을 찍는 대신에 자기의 손으로 자기의 이름을 쓰거나 나타내는 일정한 표식을 하는 것 또는 그 표식을 말한다.

[출처] 남북통일말사전 (두산동아 2006) p517

남 ▸▸ 행위자가 자기 자신만의 독특한 방법으로 자기의 동일성을 표시하고 책임을 분명하게 하기 위하여 자신의 성명을 쓰는 일로써 한글이름이나 한자 또는 영어를 사용하기도 하는데 서명할 때 이름전체 또는 성(姓)이나 이름만 작성하기도 한다. 통상적으로 "사인(Sign)" 또는 "서명(署名)"이라 한다.

[출처] 남북통일말사전 (두산동아 2006) p137

14 수형 ⇔ 어음

북 ▸▸ 일정한 금액을 제정된 기일 안에 반드시 지불할 것을 발행자가 다른 사람에게 위탁(지시)하거나 자신이 직접 지불한다는 것을 약속한 내용을 수표한 일정 형식을 갖춘 법적 유가증권을 말한다.

[출처] 재정금융사전 (사회과학출판사 1995) p762~763

남 ▸▸ 상품 구매 시 구매자가 일정시기에 일정금액을 지급하겠다는 일정한 금전의 지급을 목적으로 발행하는 유가증권[9]을 말한다. 일반적으로 '어음'이라고 한다.

---

9) 유가증권은 넓은 뜻으로 그 자체가 재산권 또는 재산적 이익을 받을 자격을 나타내는 재산적 가치가 있는 증권으로서, 그 권리의 행사와 이전이 증권에 의해서만 가능한 증권을 말하며, 권리와 증권이 결합된 유가증권은 권리의 이전·행사를 원활하고 안전하게 함으로써 증권의 유통성을 확보하려는 데 의의가 있다.
[출처] 금융실무대사전 Ⅰ (한국금융연수원 2006) p533

15 수형교환소 ⇔ 어음교환소

북 ▸▸ 금융기관대표들이 모여서 수형을 교환하는 장소 또는 수형교환을 조직하는 기관을 말한다. 은행은 거래자들로부터 받아들인 수형과 행표 및 만기 공사채, 리자지불쪽지 등을 지불은행에 제시하여 대금을 회수하게 되는데 거래자들이 의뢰할 때마다 이러한 수형이나 행표 등의 회수를 지불은행에 직접 가지고가서 처리하는 업무는 많은 품과 비용 그리고 위험이 동반하게 되므로 수형교환소(Clearing House)[10]를 설립하여 금융기관들이 모여서 수형교환 업무를 진행하는 장소를 말한다.

[출처] 재정금융사전 (사회과학출판사 1995) p763

남 ▸▸ 우리나라에서는 금융결제원이 어음교환소를 운영하고 있으며, 어음을 교환하는 시설이나 기구 그리고 어음을 제시하여 교환하는 장소라는 의미가 있다. 이곳에서는 예금주로부터 받은 수표 등을 상호 각자 발행한 은행수표는 상대은행으로부터 받고 고객으로부터 받은 상대은행이 발행한 은행수표는 전달하여 은행끼리 금액을 정산하는 장소를 말한다.

[출처] 금융실무대사전 II (한국금융연수원 2006) p684

10) 북한은 조선중앙은행에서 업무를 전담하고 있음.
[출처] 북한의 금융 (한국수출입은행 2016) p78, 81

16 순환자(넣는 환자거래) ⇔ 송금환(전금)

북 ▸▸ 은행이 채무자(거래자)가 돈을 보내달라는 요청에 따라 다른 은행기관을 거쳐 채권자(돈을 받아야 할 당사자)에게 돈을 보내는 은행환자거래의 하나의 형태를 말한다.

순환자를 순환 또는 넣는 환자거래라고도 하며 역환자와는 대응되는 개념이다. 또한 누가 먼저 거래를 일으키는가에 따라 보내는 환자(기발환자)와 받는 환자(피기발환자)로 나눌 수 있다.

[출처] 재정금융사전 (사회과학출판사 1995) p780, 1378

남 ▸▸ 은행을 매개로 하여 다른 지역에 있는 사람에게 송금하는 방법으로서 주로 국제 간의 자금을 송금함으로써 결제시키는 방법은 물론 국내에서의 거래는 은행이 송금인으로부터 송금할 금액과 수수료를 받고, 목적지의 자기은행 본지점 또는 거래은행을 지급인으로 하는 어음(대개는 수표)을 작성하고, 송금인은 이것을 받아 수취인에게 보내어 목적지 은행에서 찾을 수 있도록 하는 방식으로 운용되고 있다.

또한 채무자가 채권자에게 자금을 결제 시 환의 흐름이 자금의 흐름과 같은 방향으로 움직이기 때문에 순환이라고도 하며, 은행에서는 실무적으로 본지점 간에 송금하는 방식으로 주로 이용되는데 대부분 전금이라고 표현한다.

[출처] 금융실무대사전Ⅴ(한국금융연수원 2006) p494,
네이버지식백과 (2018.7.8 인터넷 검색)

17 역환자(떼는 환자거래) ⇔ 역환

북 ▸▸ 은행이 채권자(돈을 받아야 할 당사자)의 요청에 따라 다른 은행기관을 거쳐 채무자(돈을 물어야 할 당사자)로부터 돈을 받아내는 은행환자거래의 하나의 형태를 말한다.

역환자를 역환 또는 떼는 환자거래라고도 하며 순환자와는 대응되는 개념이다. 또한 누가 먼저 거래를 일으키는가에 따라 보내는 환자(기발환자)와 받는 환자(피기발환자)로 나눌 수 있다.

[출처] 재정금융사전 (사회과학출판사 1995) p1322~1323, 1378

남 ▸▸ 역환은 자금의 흐름이 거꾸로 즉 역으로 흘러서 온 환이라는 뜻으로 은행 본점이나 다른 은행에서 청구가 들어온 것으로 추심과 같은 의미를 가지고 있다.

순환이 송금이라면 역환은 그와 반대로 돈을 받아달라고 요청하는 것으로서, 채무자인 매수인으로부터의 송금에 의하지 않고 채권자인 매도인이 매수인에게 추심하는 경우에 사용되는 환을 말한다.

[출처] 네이버지식백과 (2018.7.8 인터넷 검색)

18 우대종합통장

남 ▸▸ 은행에서 고객유치를 위하여 각 분야에서 종사하는 대상자들에게 각각 합당한 예금통장을 가입시켜 특별한 혜택을 부여하는 통장으로서 예를 들면 월급여를 받는 직장인을 가입대상으로 하여 급여(월급)를 이체(직장인우대통장으로 입금받는 것)하는 직장인(회사원)은 이 통장을 개설하여 월급을 이체 받는 통장으로 이용하는 경우 해당 은행에서 정한 기준에 따라 전자금융수수료[11)]면제, 자동화기기이용수수료[12)] 면제, 금리우대 등의 혜택을 제공받는 요구불상품이다.

그 외에도 사업자를 우대하는 통장이 있으며, 각 은행마다 특정 가입대상을 우대하는 통장들이 있으며, 우대내용과 가입대상 기준들은 각 은행들이 정한기준에 따라 다르게 운영되고 있다.

주 북한에서는 대응되는 용어와 동일한 의미를 갖는 내용이 없어서 남한 부분만 정리하였음.

---

11) 인터넷뱅킹 이용 시 타행(거래은행이 아닌 다른 은행)으로 돈을 보낼(송금)경우에 송금 수수료가 발생하는데 각 은행별로 수수료 금액이 다르고, 우수고객인 경우에는 각 은행에서 정한 우수등급에 따라 수수료를 면제해주기도 한다. 우수고객 등급혜택은 주로 거래하는 은행에서 거래할 경우만 혜택이 있다.

12) 자동화기기(ATM)에서 타행(거래은행이 아닌 다른 은행)으로 돈을 보낼(송금)경우와 타행 ATM기기에서 출금하는 경우 그리고 업무시간(09:00 ~ 16:00)종료 또는 휴·공휴일(토,일요일, 국경일 및 공휴일)에 ATM기기를 이용하는 경우 각 은행에서 정한 수수료가 발생한다.

19 은행 간 자동지불결제체계 ⇔ 은행 간 온라인 자금결제시스템

북 ▸▸ 은행 간 자동지불결제체계는 은행 간에 거래의 정확성과 신속성 그리고 안정성을 보장하는 데서 중요한 의의를 가지는 것으로, 은행 간 자동지불결제체계에는 전자계산기 기본 장치들과 여러 가지 말단장치들과 연결 및 통신수단들이 포함되며 체계의 운영과 조정을 위한 자유묶음과 프로그램이 이용되는 것으로 은행 호상 간 자금의 이동과 결제가 전자기술수단들을 매개로하여 자동으로 이루어지게 하는 체계를 말한다.

현재는 은행 간 자동지불결제체계는 한나라의 범위를 벗어나서 국제적 규모에서 창설 운영되고 있으며, 이 체계가 주로 중심적으로 처리하는 업무 내용은 은행들의 자금이동, 고객의 자금이동, 환자조작에 대한 확인, 계시서의 제시, 수체와 신용장의 발행, 통지 및 확인, 발송, 유가증권의 처리, 신용카드요금 지불과 같은 특수한 형태의 지불진행 등이 있다.

[출처] 재정금융사전 (사회과학출판사 1995) p1351

남 ▸▸ 은행 간 온라인 자금결제시스템은 뉴욕 어음교환소 협회가 1970년에 완성한 최초의 은행 간 온라인 자금결제시스템으로 뉴욕에 소재하는 결제기구(어음교환소)로서 미 달러화와 달러화표시 외환들에 대한 자금이체 및 결제를 수행하는 것으로서 당시에 은행 간 자금결제에 대한 혁신을 일으켰었던 은행 간 자동이체 제도를 말한다.

기존 어음교환소를 통하여 이체되는 자금이 기존에는 완전하게 자금이 이체되기까지 2~3일이 소요되었으나 1981년 10월 1일부터는 은행 간 온라인 자금 결제 시스템을 통하여서는 1일 이내에 결제되어지고 있으며, 어음교환소 은행 간 결제시스템 또는 칩스(Chips)라고도 말한다.

[출처] 금융실무대사전Ⅴ(한국금융연수원 2006) p888~889

20 자동환치체계 ⇔ 자동이체(자동계좌이체)

북 ▸▸ 은행에 개설된 돈자리들 사이의 자금이동이 전자계산기를 비롯한 현대적인 기술수단에 의하여 자동적으로 이루어지는 체계를 말하는데 기관, 기업소 또는 개인들의 돈자리를 설정하고 그 잔고를 기억하여 그것을 처리할 수 있는 전자계산기의 기본 장치들과 그와 전기적으로 연결되어 있는 말단장치들과 이러한 장치들의 운영을 자동 조정하는 프로그램으로 구성되어 있다.

자동환치체계에서는 전자화폐, 신용카드 또는 신용카드 리용에 해당하는 령수증 자료가 시초원료로 리용되고 있으나, 일반적인 환치체계는 지불청구서, 지불 위탁서, 행표 등에 기재되여 있는 자료들이 시초자료로 리용되고 있다.

[출처] 재정금융사전 (사회과학출판사 1995) p855~856

남 ▸▸ 자동이체는 출금이체의 한 형태로 수납기관·금융기관 및 납부자 간 사전 약정에 의거 금융기관이 지정된 날짜에 납부자의 예금계좌에서 자동으로 출금하여 수납기관의 예금계좌로 입금시키는 제도를 말한다.

자동이체의 신청은 금융기관이나 수납기관에 직접신청하거나 인터넷뱅킹 또는 인터넷지로(www.giro.or.kr)를 이용하여 신청할 수 있다. 자동이체는 전기요금, 전화요금, 보험료, 공과금, 카드이용대금 등 정기적으로 발생하는 각종요금 등의 수납에 이용되는데 납부자가 신청한 계좌에서 출금하여 요금청구기관의 계좌로 입금해주는 서비스로서 자동납부와 자동송금으로 구분된다.

자동납부는 요금청구기관이 물품 및 서비스 제공 계약에 따라 발생한 이용요금을 고객이 지정한 계좌에서 출금하는 서비스로 CMS자동이체, 지로자동이체, 펌뱅킹 자동이체 등이 있으며, 출금되는 금액이 매번 다를 수도 있는데 이런 경우는 주로 공과금 즉 전기요금, 가스요금, 수도요금, 전화요금, 아파트 관리비 등 이체에 주로 이용되고 있다.

또한 자동송금은 고객이 스스로 설정한 이체조건(수취인, 입금계좌, 금액, 주기 등)에 따라 특정계좌에 주기적으로 이체하는 것을 말하는데 이때에 출금되는 금액이 고정(확정)되어 있으며, 이런 경우는 주로 매월고정금액으로 약정된 유선TV시청료, 인터넷 망 사용료, 또는 계약에 이루어지는 청소용역비용, 무인경비 등 보안업체에 지급하는 수수료 등 금액이 정액으로 정해진 경우에 이용한다.

[출처] 금융실무대사전Ⅴ(한국금융연수원 2006) p737~738

㈜ 자동환치체계는 남한의 자동이체나 전자결제, 송금, 각종 이체 등의 은행 업무를 수행할 수 있는 시스템을 의미하는데, 자동환치도 이의 범주에 포함되어 있으므로, 자동환치체계의 상대 내용으로 은행거래 시에 대중적으로 가장 많이 사용되는 자동결제 방식인 자동이체에 대해서 설명하였음.

21 저금 ⇔ 예금

북 ▸▸ 기관, 단체 및 주민들이 은행을 비롯한 저금소[13] 즉 신용기관에 화폐소득가운데서 일시적으로 남는 유휴화폐 자금을 국가에서 반환하는 조건으로 동원하여 맡기는 저축의 한 형태 또는 저축한 돈을 말한다.

[출처] 경제사전 2 (사회과학출판사 1985) p271,
재정금융사전 (사회과학출판사 1995) p898~899

남 ▸▸ 예금은 일반대중(개인)또는 기업(법인, 기업, 회사, 개인상점 등), 공공기관, 단체[14](모임, 친목회, 동창회, 향우회, 종친회 등)등 불특정 다수로부터 금융기관(은행, 농협, 수협, 축협, 저축은행, 새마을금고, 신협, 우체국 등)이 여유자금 등을 보관, 관리, 운용해주는 것을 말하는 것으로 예금의 종류에는 요구불예금과 저축성 예금[15]이 있다.

---

13) 현재는 저금소는 거의 없고 대부분 은행에서 업무를 보고 있음.

14) 남한에서는 개인, 기업뿐만 아니라 모임이나 단체이름(명의)으로도 통장개설이 가능하다.

15) 요구불예금은 예금주가 요청할 경우 언제든지 맡긴 돈을 지급 할 수 있는 예금으로 보통예금, 별단예금, 당좌예금, 가계당좌예금, 공공예금 등이 있다. 저축성 예금은 예금을 입금하거나 출금할 때 특정한 조건이 정해져 있는 예금으로 저축예금, 정기예금, 정기적금, 상호부금 등이 있다.

22 정액저금 ⇔ 정기적금(적립식예금)

북 ▸▸ 정액저금은 정해진 기간마다 같은 금액을 적립하는 저금으로 저금의 목표액과 저금기간을 정하여 그에 맞게 달마다 또는 분기마다 해당되는 금액을 정기적으로 저금하며 기한이 되고 저금목표액에 도달하면 찾는 저금을 말한다. 정액저금의 특성은 저금기관과 저금목표액이 정해지는 장기성 저금이라는 데 있으며, 다른 표현으로는 정기적금이라고도 말한다.

[출처] 재정금융사전 (사회과학출판사 1995) p933

남 ▸▸ 정기적금은 고객(예금주)이 일정한 기간을 정하여 매월 일정금액을 일정한 날짜에 납입하면 은행이 예금만기일에 납입된 저축금액에 약정한 이자를 더하여 금액을 지급하는 전형적인 적립식 예금의 대표적 상품이라고 할 수 있다.

적립식 예금에는 일정금액을 납입하는 정액적립식과 납입하는 저축금액과 저축일이나 저축시기가 자유로운 자유적립식이 있다.

정기적금은 은행측에서 볼 때는 매월 약정된 금액의 예입이 확실시된다는 점에서 정기예금 못지않은 안정된 자금조달원이 된다. 따라서 보통예금 같은 요구불예금에 비해 이자는 상대적으로 높게 지급하고 있다.

[출처] 금융실무대사전 II (한국금융연수원 2006) p890

23 주택청약종합저축

남 ▸▸ 아파트를 분양(임대아파트 포함)받기 위해서 가입해야 하는 통장으로 주택 소유나 세대주 여부, 연령 등에 관계없이 누구나 가입할 수 있는 것이 특징이다.

청약 자격은 만 19세 이상이어야 하고(19세 미만인 세대주는 허용), 국민주택의 경우에는 해당 주택의 건설 지역에 거주하는 무주택세대 구성원으로서 1세대 당 1주택, 민영주택의 경우에는 만 20세 이상의 가입자로서 1인당 1주택이 적용된다. 또한 1인 1통장 제도가 적용되어 기존의 청약통장에 가입한 경우에는 이를 해지하고 신규로 가입하여야 하며, 2개 이상의 은행에 중복 가입도 허용되지 않는다.

신규로 가입한 경우에는 기존 청약통장의 가입 기간이나 납입 금액 등을 인정하지 않는다. 주택소유 여부에 따라 분양자격은 다르게 할 수 있다. 전용면적 85㎡(25.7평) 이하의 공공주택(청약저축), 모든 민영주택과 전용면적 85㎡를 초과하는 공공주택(청약예금), 전용면적 85㎡ 이하의 민영주택(청약부금) 등 기존의 주택청약 관련 상품에서 구별하였던 기능을 한데 통합하였다.

국민주택과 민영주택을 가리지 않고 모든 신규 분양주택에 사용할 수 있어 '만능청약통장'이라고도 한다. 이 통장가입은 모든 은행에서 가입할 수 있는 것이 아니라 청약업무를 취급하는 은행에서만 가입이 가능하다.

[출처] 네이버 지식백과 (2018.7.3 인터넷 검색)

주 추첨제저금 : 추첨제저금은 리자를 지급하지 않는 대신 추첨을 통하여 추첨에 당첨을 맞은 저금자들에게만 당첨금을 지급하는 저금을 말한다. 추첨제 저금은 장기적으로 유휴자금을 유치하기 위하여 만든 저금으로서 분기마다 한 번씩 1,000개를 한 개조로 하여 1등, 2등, 3등으로 나누어 당첨수를 정하고, 당첨금은 해당분기 저금평균잔고에 대하여 등수별 당첨금비율에 해당하는 당첨금

액을 지불하고 있는데 그 규모는 정기예금의 리자의 총 지불규모와 맞먹게 정한다. 추첨방법은 많은 사람들이 모인 장소에서 예술 공연과 함께 유희오락경기의 방법으로 번호 뽑기를 하는 등 다양한 방식으로 진행되므로 추첨행사는 물론 주민들에게도 인기가 많은 저금이다. 이는 복권당첨과 같은 방식의 예금으로서 예금의 목적과 운영방식은 다르지만 추첨을 통하여 당첨을 받는 방식은 주택청약종합저축과 동질성이 있다고 할 수 있다.

[출처] 재정금융사전 (사회과학출판사 1995) p1131~1132

24 준비저금 ⇔ 거치식 예금(정기예금)

북 ▸▸ 준비저금은 저금한 날에 저금기한을 정하고 그 기간 안에 한꺼번에 정액을 일시금으로 저금하거나 또는 여러번 저금하였다가 기한이 경과되면 되면 정해진 리자와 함께 저금액을 찾는 저금을 말한다. 리자율은 단기성저금에 비하여 장기성저금 형태인 준비저금의 리자율을 더 높게 정하고 있다.

준비저금과 같은 장기성저금 형태인 정기예금은 미리 저금기간을 정해놓고 기한이 되여야 찾을 수 있는 저금으로 정기예금의 특징은 약속된 저금기간이 만기가 되여야 찾을 수 있는 장기성의 기한부 정기예금이라는 데 있으며, 정기예금의 기간은 일반적으로 3개월, 6개월, 1년 등으로 정하며 이보다 더 긴 기간으로 정하는 경우도 있다. 가장 높은 저금리자률이 적용되는 데 있다.

준비저금과의 차이는 정액을 일시금으로 저금하는 것은 같으나, 준비저금은 기간 안에 여러번 저금할 수 있고 정기예금은 추가로 저금을 할 수 없다는 데 있다.

정기예금은 기한이 경과되면 원금과 함께 약속된 리자를 지급하는 일반정기예금, 예금할 때 약정한 기한이 되어도 저금한자가 지불을 요구하지 않을 때에 이미 정한 저금기간만큼 자동적으로 더 연장하는 저금을 자동정기예금, 추첨을 하여 당첨된 저금에 대하여서는 당첨금을 내어주는 추첨제정기예금, 돈자리에 저금기간만 정해놓고 이 기간 동안에 돈이 생길 때 마다 임의의 금액을 적립하는 방법과 저금목표 금액만 정해놓고 저금기간은 정하지 않고 목표금액에 도달한 때로부터 다시 일정한 기간(3개월, 6개월) 동안 저금하는 적립정기예금 4가지 방식으로 구분되여진다.

[출처] 재정금융사전 (사회과학출판사 1995) p927~928, 987~988

남 ▸▸ 거치식 예금이란 일정금액의 목돈을 한꺼번에 입금하고서 만기시점에 출금하는 방식의 예금으로서 정기예금을 일컫는 말이다. 이러한 예금은 일정한 금액을 약정한 기간까지 예치하고 그 기한이 만료될 때까지는 원칙적으로 인출이 제한되어 환급해주지 않는 기한부예금으로서 증서 또는 통장에 의하여 거래된다.

기한만료 시 약정한 이자와 원금을 지급 받거나 매월이자만 지급받다가 기한만료 시 원금과 1개월의 이자를 지급하는 방식이 있다. 다만 예금주가 기한만료 전에 해지를 요청하는 경우 중도해지이자(이자가 거의 없음)와 함께 지급할 수도 있다.

금융기관 저축성 예금의 대표적인 상품이라고 할 수 있으며, 가입시 예금금리가 확정되는 확정형 정기예금, 일정기간 동안 금리를 변동하여 적용하는 회전정기예금, 주식시장 등 시장지수에 따라 연동되는 시장지수연동 정기예금, 아파트 등 주택청약을 목적으로 하는 주택청약 정기예금 등이 있다.

[출처] 금융실무대사전 II (한국금융연수원 2006) p890

주 중도해지의 경우 매월 기 지급된 이자는 다시 환입처리하고 중도해지이율로 계산된 이자를 지급해야하는데 기지급 이자의 환입이 어려운 경우 원금에서 차감·정산하여 정산된 금액을 지급한다.

25 즉시지불저금 ⇔ 요구불예금(입출금이 자유로운 예금)

북 ▸▸ 개인이나 기관, 법인, 단체 등 예금자의 요구에 따라 임의의 시각에 돈을 맞기거나 찾을 수 있는 예금으로서 돈자리에 맡겨져 있는 돈을 청구하면 즉시로 지불되어야 하는 요구불예금은 예금자가 정해진 기일 전에 통지하여야 찾을 수 있는 통지예금과 정한 기일에 가서야 찾을 수 있는 정기예금과는 대응되는 개념의 저금이다.

요구불예금은 은행 및 저금 기관이 자금을 맡긴 기업소 및 개인들(예금주)의 요구에 따라 즉시 지불하여주는 예금이라고 하여 즉시지불예금 또는 시좌예금[16], 보통예금이라고도 한다.

[출처] 재정금융사전 (사회과학출판사 1995) p1332

남 ▸▸ 요구불예금은 예금주가 예금되어 있는 통장잔액 범위 내에서 지급을 원하면 언제든지 조건 없이 지급하는 예금으로서 입금과 출금의 횟수의 제한이 없이 누구나 자유롭게 이용할 수 있고, 예치기간을 특정하지 않는 예금을 말한다.

통상적으로 보통예금, 저축예금, 당좌예금, 가계당좌예금, 기업자유예금 등이 요구불예금에 속하며, 입출금이 자유스러워 유동성(환금성)이 뛰어난 대신 대부분 저금리 상품으로 이자가 거의 없거나 매우 낮지만 거래의 편리성 때문에 일반적으로 생활자금, 월급통장 등의 거래에 주로 이용하는 것이 특징이다.

---

16) 시좌예금은 예금자들이 은행을 비롯한 금융기관과 맺은 계약에 의하여 임의의 시각에 돈을 맡기거나 찾을 수 있는 예금으로 주로 행표나 수형을 제시하면 즉시로 지불이 이루어지는 요구불예금이며, 그 수입과 지출이 빈번하여 은행이 자금 출납을 대신하는 성질이 있으므로 일명 출납예금(당좌예금)이라 한다. 시좌예금은 은행수신업무로부터 가장 일반적으로 취급되는 예금형태이다.

[출처] 재정금융사전(사회과학출판사, 1995) p788

26 첨가금(더하기), 감가금(덜기) ⇔ 할증료(웃돈, 추가금), 할인료(깎는돈)

북 ▸▸ 첨가금과 감가금은 주로 안내가격에 따라 리용되는데 안내가격은 일반적으로 시장변동에 따라 의존되지만 시장의 변동을 즉시적으로 민감하게 반영하지 못하는 경우가 자주 발생하게 된다. 그러므로 안내가격을 기준으로 하여 계약가격을 결정해야 할 때에는 안내가격에서 일정액을 더하기(첨가금)도 하고, 경우에 따라서는 덜기(감가금)도 하는 것을 말한다.

첨가 또는 감가금의 량의 크기는 해당 시기의 시장경기상태에 많이 의존하는데, 시장경기가 좋을 때 감가금이 적어지거나 지어는(심지어는) 첨가금이 붙게 되지만 시장경기가 좋지 못할 때에는 반대로 감가금이 더 커지게 되는 데 있다.

첨가금과 감가금의 크기는 시장경기에 의하여서만 좌우지되는 것이 아니라 상품거래량, 상품의 질, 포장조건 등 기타 거래조건에도 관계되여 있다.

[출처] 재정금융사전 (사회과학출판사 1995) p1314

남 ▸▸ 본값에 얼마를 덧붙이거나 깎아 주는 돈으로 물건을 서로 사고 팔거나 바꿀 때에 물건의 값을 따져서 값이 적은 쪽에서 물건 외에 더 주는 돈 또는 값이 많은 쪽에서 물건보다 덜 주는 돈을 말한다.

[출처] 네이버지식백과 (2018.7.4 인터넷 검색)

27 체신저금 ⇔ 체신예금

북 ▸▸ 체신저금은 저금방법에 의한 저금종류의 구분이 아니라 체신기관이 취급하고 체신기관을 통하여 조직되는 저금을 통털어 말하는 것으로 우편저금이라고도 한다.

체신저금의 특성은 도시와 농촌의 넓은 지역에 조밀하게 분포되어 있는 체신기관을 통하여 많은 주민들을 대상으로 우편, 전신전화, 송금, 소포 등의 봉사업무를 취급하기 때문에 저금사업을 널리 조직할 수 있는 유리한 조건을 가지고 있는 특성과 함께 체신저금은 받은 저금을 전부 대부자원으로 활용하는 은행이나 다른 금융기관과는 달리 체신업무를 기본으로 하는 국영기관이라는 데 있다.

[출처] 재정금융사전 (사회과학출판사 1995) p1143

남 ▸▸ 1961년 우편저금법의 제정 이후 체신업무의 부대업무로 운용되어 오던중 1977년 우편저금법 폐지 이후 신규취급 중단과 함께 잔액관리 업무가 농협으로 이관되었고, 그 후 1982년 한국전기통신공사 발족으로 체신업무 유휴인력의 효율적 관리방안으로 1983년에 체신관서의 예금 취급업무를 재차 취급하게 되었다.

체신예금은 은행과 마찬가지로 요구불예금과 저축성 예금으로 구분되어지는데 은행예금과는 달리 정부의 예산 통제와 함께 지급준비금의 적립의무가 없는 특징이 있다.

또한 체신예금의 종류와 이율 등은 과학기술정보통신부 장관이 기획재정부 장관과의 협의를 거쳐 결정하며 자금의 운용은 유가증권의 매입, 기획재정 투자 및 융자 특별회계로의 예탁, 금전신탁 등으로 이루어지고 개인 체신예금 거래자들은 우체국에서 금융거래시 일반 시중은행이나 금융기관과의 차이점을 느끼지 못할 정도로 단순금융 업무는 보편화되어 있고 시중은행과의 금융전산망도 잘 연결되어 우체국과 금융기관과 상호 거래 시에도 불편한 점을 느끼지 못할 정도로 잘 구축되어 있다.

[출처] 경제용어사전 (더난출판 2010) p776

28 칭량화폐(평량화폐) ⇔ 중량화폐

북 ▸▸ 칭량화폐는 상품화폐관계 발전의 려명기 때에 나타나 일정기간 동안 화페로서의 기능을 수행하였는데, 칭량화페는 명목가치를 가지고 자기 기능을 수행하는 것이 아니라 소재에 대한 가치를 가지고 화폐의 기능을 수행하였는데, 이 화폐는 가치의 척도기능, 지불 수단의 기능, 류통수단의 기능, 축재수단의 기능, 세계화폐의 기능을 모두 가지고 있었다.

칭량화폐의 대표적인 사례들은 곡식, 천, 청동괴, 철괴, 은괴, 금괴 등으로 그 소재적 측면에서 볼 때 현물화폐와 일치된다고 할 수 있다. 또한 량적크기의 정도에 따라 그 교환가치가 규정되는 화폐상품으로 평량화페라고도 말한다.

[출처] 재정금융사전 (사회과학출판사 1995) p1136

남 ▸▸ 어느 정도 시장 형태가 갖추어진 사회에서 화폐가 만들어지기 전의 시기에 문명이 발달하기 이전 사회에서 특히 많이 이루어졌고 돈으로 물건을 사고팔지 않으며 직접 물건과 물건을 바꾸는 물물교환 형태의 시대가 지난 시기에 귀중하게 여기는 특정 물품을 말한다.

이는 옷감, 곡식, 철, 금, 은 등의 중량을 재서 그 교환 가치를 헤아려 사용하였던 화폐를 말하는데, 곡식 및 옷감 등을 제외한 광물의 경우는 특정한 형태의 모양이나 뭉치 또는 덩어리 모양인 괴 형태로 만들어서 유통하였고 중국의 경우를 예로 들자면 은으로 만든 말발굽 형태 모양의 말굽 은 등이 있다.

[출처] 네이버지식백과 (2018.7.20 인터넷 검색)

29 환금 ⇔ 송금

북 ▸▸ 은행이 기관과 기업소 그리고 개인들 사이에서 화폐지불거래를 매개하기 위하여 다른 지역에 있는 은행에 현금을 보냄이 없이 그 결제를 실현하는 환자업무로서 환금은 은행환자 업무방식 중의 하나이다.

은행의 환금제도는 서로 다른 지역에 있는 거래당사자 간에 화폐의 지불시 불합리적으로 현금을 직접 가지고 다니거나 수송하는 방법으로 실현하는 경우의 모순성을 극복하기 위하여 생겨난 방법으로 환금은 은행에 설치된 돈자리를 통하여 환치결제방법으로 하게 되여 있다.

[출처] 재정금융사전 (사회과학출판사 1995) p1281~1282

남 ▸▸ 어떤 특정인 또는 기관이나 회사가 직접 돈을 가지고 전달하지 않고 금융기관에 위탁(의뢰)하여 다른 특정인 또는 기관이나 회사에게 돈을 보내는 방식을 말한다. 이때 의뢰받은 은행과 같은 은행으로 돈을 보내는 경우 당행송금이라 하고 의뢰받은 은행과 다른 은행으로 돈을 보내는 경우 타행송금이라 한다.

송금을 의뢰할 때 직접 현금을 가지고 와서 의뢰하거나 또는 자기통장에 있는 잔고에서 출금하여 송금을 하는데 송금방식은 현금을 직접 전달하지 않고 상대방 계좌 즉 돈을 받는 개인이나 기관 및 회사 명의로 되어 있는 은행계좌로 입금하여 주는 것을 말한다.

[출처] 금융실무대사전 II (한국금융연수원 2006) p596

30 환치 ⇔ 이체(대체)

북 ▸▸ 지불해야 할 대금의 청구 또는 위탁하는 결제문서에 의하여 은행에 설치된 돈자리 사이에 자금을 옮겨놓는 방법으로서 화폐거래를 진행하는 무현금결제로서 현금거래에 대응하는 개념이기 때문에 환치거래는 무현금거래라고도 한다.

환치에 의한 무현금거래는 기관, 기업소들 사이에 물자 및 봉사 거래에 따르는 대금을 원칙적으로 현금으로 주고받을 수 없다. 다만, 기관, 기업소들이 소매상 업망에서 적은량의 소비상품을 경영용으로 쓰기 위해서 사들이는 것을 비롯하여 극히 제한된 범위에서만 현금 거래를 허용한다.

따라서 기관, 기업소 간의 모든 화폐거래는 의무적으로 은행에 하나의 예금돈자리에 화폐자금을 집중시키며, 그 돈자리를 통하여 환치의 방법으로 진행하도록 되여 있다. 따라서 환치는 화폐거래에 대한 결제조직의 기본 형태라고 할 수 있다.

[출처] 재정금융사전 (사회과학출판사 1995) p1298

남 ▸▸ 은행에서 예금주의 요청에 의해서 현금을 수반하지 않고 예금주 명의의 계좌에서 출금하여 예금주가 요청하는 상대계좌에 입금하는 거래를 말하는데 일반적으로 일시적 또는 정기적 계좌송금(이체), 정기적금 적립, 대출이자 출금이체 및 카드사용 금액 등의 정기적 결제금액 이체와 공과금 등의 이체 시에 주로 이용한다.

31 행표(行票) ⇔ 수표(手票)

북 ▸▸ 기관, 기업소 또는 개인 등이 은행의 돈자리에 맡긴 돈을 제정된 기일 안에서는 그에 기입된 금액을 언제든지 지불한다는 것을 은행이 담보하는 결제문서로서 행표는 은행돈자리를 통한 지불결제에서 편리하고 간단한 수단으로 리용되는 것을 말한다. 행표의 리용은 기관, 기업소들로 하여금 현금을 적게 쓰거나 적게 보유하게 함으로써 이러저러한 현금사고와 랑비현상을 막는데서 중요한 역할을 하며 그만큼 현금의 인쇄, 보관, 운반 등과 관련한 사회적류통비를 절약할 수 있게 한다.

[출처] 경제사전 2 (사회과학출판사 1985) p598,
재정금융사전 (사회과학출판사 1995) p1249

남 ▸▸ 발행인이 지급인(금융기관) 즉 자기의 당좌거래은행에 대하여, 수취인 또는 정당한 소지인의 지급청구가 있으면 수표상의 금액을 언제라도 지급하여 줄 것을 위탁하는 지급위탁증권[17]을 말한다.

일반적으로 '수표'라고 말하며 시중에서 자주 유통되는 수표는 은행에서 발행한 자기앞수표[18]가 있다. 자기앞수표의 종류는 정액자기앞

---

17) 어떤 사람(위탁자)이 제3자(수취인)에게 금전의 지급사무를 타인(피위탁자)에게 위탁하는 일을 지급위탁이라고 한다. 즉 지급위탁증권이라 함은 증권상에 표시된 금액을 개인 또는 금융기관에 위탁하는데 일반적으로 개인보다는 공신력 있는 금융기관에 위탁하는 경우가 대부분이다. 어음은 개인이 지급인으로 위탁이 가능하지만 수표의 지급은 은행에서만 할 수 있다.
[출처] 금융실무대사전 II (한국금융연수원 2006) p984

18) 발행인 겸 자기를 지급인으로 정하여 발행한 수표로서, 발행한 은행이 파산하기 전에는 항상 지급이 보장되므로 보증수표라고도 한다.
[출처] 경제용어사전 (더난출판 2009) p661

수표와 일반자기앞수표가 있는데 정액자기앞수표는 10만 원, 50만 원, 100만 원권으로 금액이 인쇄되어 있는 수표를 말한다. 일반자기앞수표는 금액이 인쇄되어 있지 않고 발행할 금액을 은행에서 직접 인쇄하여 발행하여주는 수표를 말한다.

[출처] 금융실무대사전 II (한국금융연수원 2006) p611

02

대출

기한경과 대부금(기한경과 채무) ⇔ 연체대출금

기한경과수형 ⇔ 부도수표(기일경과 어음)

대상투자대부 ⇔ 프로젝트대출

돈놀이(돈장사) ⇔ 대부업

돈단련(빚단련) ⇔ 연체독촉

돈자리잔고초과대부 ⇔ 한도거래여신(당좌대월, 자동대출, 마이너스대출)

보충대부 ⇔ 운전자금대출

수형중개인 ⇔ 자금중개회사

자원보충대부 ⇔ 콜자금(Call Money)

정기예금 담보대부 ⇔ 정기예금 담보대출

초단기대부시장 ⇔ 초단기대출시장(Overnight Market)

판매자대부 ⇔ 기업일반자금대출(사업자운전자금대출)

02 대출

1 기한경과 대부금(기한경과 채무) ⇔ 연체대출금

북 ▸▸ 반환기일이 지난 대부금을 말하는데 기업소가 다른 기업소 또는 개인들에 대하여 진 빚 가운데서 물어줄 기한이 지난 빚을 말한다.

[출처] 재정금융사전 (사회과학출판사 1995) p284~286

남 ▸▸ 대출금을 정해진 만기 날짜에 갚지 않아서 발생된 밀린 대출원금과 밀린 이자의 총액 또는 만기 날짜에 도달하지 않은 경우는 현재까지 납입해야 할 할부(분할)원금과 밀린 이자 또는 연체이자를 말한다.

2 기한경과 수형 ⇔ 부도수표(기일경과 어음)

북 ▸▸ 수형 즉 발행자가 일정한 금액을 지불할 것을 다른 사람에게 위탁하거나 자기가 직접 지불하겠다는 것을 약속하는 유가증권으로 수형의 유효기간이 지난 것을 말하는데, 기한경과 수형은 수형의 발행자, 할인 또는 매수은행, 소유자들이 제정된 기일 안에 할인 또는 매수 시키지 못하였거나 보상지불청구를 진행하지 못함으로써 생기게 되는 것을 말한다.

[출처] 재정금융사전 (사회과학출판사 1995) p285

남 ▸▸ 수표(어음) 발행인(지불인)이 수표 발행 시에 발행금액을 지급하겠다는 날짜(일정한 기일 또는 일자(日字))가 경과되어 정상적인 결제가 이루어지지 않은 수표(어음)를 말하는데 이런 경우는 결제금액 부족이 대부분이나, 수표 발행인과 소지인 간에 계약 내용 불이행에 따른 분쟁이 발생하여 발행인이 고의적으로 결제 이행을 하지 않는 경우도 있다.

[출처] 네이버지식백과 (2018.7.5 검색)

3 대상투자대부 ⇔ 프로젝트대출

북 ▸▸ 다른 나라의 일정한 대상의 공사 건설에 국한시켜 주는 대부로 대상투자대부는 세계은행을 비롯한 국제금융기관들이 주로 발전소건설, 관개시설 공사, 도로공사 등 대상부문 공사에 주는 대부로 돌려지고 있는 것을 말한다.

[출처] 재정금융사전 (사회과학출판사 1995) p408

남 ▸▸ 주로 발전도상국 등의 대형 개발사업 분야에 지원되는 국제적인 융자로서 예컨대, 항만시설이나 전력시설 도입 등과 같은 특정한 프로젝트에 대하여 세계은행 등으로부터 제공되는 대출로서 통상적으로 개발사업차관을 말한다.

[출처] 네이버지식백과 (2018.7.4 검색)

4 돈놀이(돈장사) ⇔ 대부업

북 ▸▸ 대금업자들이 리자 수취를 목적으로 돈을 꾸어주는 것을 말한다. 돈이 필요한 사람이나 기관은 대금업자로부터 돈을 꿔다 쓰고 그 걸머진 빚과 리자는 대금업자에게 지불해야 하는 것을 말한다.

[출처] 경제사전 1 (사회과학출판사 1985) p674,
한눈에 보는 남녘말 북한말 (2018.7.5 앱 검색)

남 ▸▸ 은행, 협동조합, 보험회사, 금융회사, 상호저축은행 등 공적 금융기관이 아닌 개인이나 업체의 신용(자산)만으로 소액의 현금을 빌려주고 이자를 받는 일을 전문으로 하는 금융업을 말하는데, 고객으로부터 예금을 받는 수신 행위가 수반되지 않고 자신의 사적인 돈으로 대출을 해주는 것으로 일종의 사채업이라고 할 수 있다.

[출처] 경제용어사전 (더난출판 2010) p253

5 돈단련(빚단련) ⇔ 연체독촉

북 ▸▸ 국가에서 대부받은 돈이 아니라 개인들과의 대부거래에서 돈을 속히 내라는 독촉과 성화에 시달리는 것을 말한다.

[출처] 남북통일말사전 (두산동아 2006) p426

남 ▸▸ 금융회사로부터 대출을 받았거나 신용공여를 받은 사람이 당초 계약된 채무를 정한 기간에 상환을 약속한 채무나 납세를 만기일에 상환하지 않거나 이자 또는 수수료를 상환하지 않는 경우에 이를 빨리 상환 또는 입금하도록 독촉하는 일련의 행위를 말한다.

6 돈자리잔고초과대부 ⇔ 한도거래여신(당좌대월, 자동대출, 마이너스대출)

북 ▸▸ 시좌돈자리[1] 또는 요구불예금으로부터 지출할 것을 요구하는 지불청구액이 시좌돈자리잔고보다 많을 때 미리 약정된 한도액 범위 안에서 잔고를 초과하여 지불하는 대부를 말한다. 이 대부는 시좌예금잔고를 초과하여 이미 약정한 한도액까지 임의의 시간에 리용할 수 있으므로 예금자로서는 매우 유리하나 예금받은 은행의 자금관리측면에서는 업무처리상 복잡성이 조성된다.

왜냐하면 예금자가 언제 잔고를 초과하여 출금을 요청할지 모르니 은행은 항상 약정한도액의 자금을 준비하고 있어야 하기 때문이고, 이런 이유로 대부 리자률은 다른 대부 리자률 보다 상대적으로 높이 설정되여 진다.

[출처] 재정금융사전 (사회과학출판사 1995) p390

1) 시좌예금은 예금편에 설명되어 있음.

남 ▸▸ 금융기관과 채무자간의 계약에 의해 일정 한도를 약정하고 한도금액 범위 내에서 약정기간 중 채무금액이 증감 변동할 수 있도록 운용하는 여신의 형태를 말한다.

한도거래여신(대출)에는 입출금이 자유로운 통장을 통해 마이너스 형태로 운용하는 여신(대출)도 포함된다. 금융기관 입장에서 보면 약정한 한도금액까지 항상 자금을 준비하고 있어야 하므로 자금부담 비용을 덜기 위해 다른 여신(대출)보다 이자(금리)가 높다. 그러나 이자는 대출한도 설정금액 전체가 아닌 대출사용 금액에 대하여 사용일수 만큼 약정이율을 적용하여 부담케하는 것으로서 일시금으로 받는 대출의 경우 대출금 전액에 대하여 이자를 부담하는 대출방식보다는 유리한 측면도 있다.

채무자에게 약정한도 미사용수수료 또는 여신(대출)한도 약정수수료를 부과하기도 한다. 한도승인 기간은 일반적으로 1년 또는 1년 이내로 한다. 만약, 약정한도 만기가 지난 경우 한도 연장 또는 신규 승인을 받지 않으면 여신금융은 계속적으로 제공받을 수 없다.

[출처] 금융실무대사전Ⅴ (한국금융연수원 2006) p989

7 보충대부 ⇔ 운전자금대출

북 ▸▸ 기업소들이 경영 할동을 잘하지 못한 데로부터 일시적으로 모자라는 자금을 은행에서 보장하기 위하여 실시하는 대부로서 보충대부는 기업소들의 추가적인 류통자금 수요를 보장하기 위한 대부형태의 하나이다.

경제를 계획적으로 관리 운영하는 기업소들에서 경영활동을 잘하지 못하여 경영자금 부족현상이 나타나는 것은 비정상이며, 경제적 타산을 바로하고, 경제 관리를 과학적이고 합리적으로 하며, 모든 살림살이를 깐지게 할 데 대한 경제 관리의 요구를 옳게 실현하지 못한 것과 관련되여 있는 것이다.

보충대부는 기업소의 생산제품의 원료 및 자재구입과 종업원들의 생활비 지불 그 밖에 경영활동에 필요한 자금 지출을 원만히 보장하여 생산 활동을 정상적으로 할 수 있도록 조건을 지어주는 대부를 말한다. 다른 말로는 부족자금 보충대부라고도 한다.

[출처] 재정금융사전 (사회과학출판사 1995) p556

남 ▸▸ 기업은 일정한 매출을 유지하기 위해 최소한의 자금이 필요하다. 원재료 구입이나 임금지급 등 기업이 영업활동을 하는 일련의 과정 중 자금이 여유롭지 못하면 자금의 어려움을 겪는 기업의 신청에 의해 은행은 해당기업에 필요한 자금을 대출해주는 것을 의미 한다.

이러한 대출은 설비의 증설 등에 소요되는 시설자금과는 대조되는 개념의 대출이다. 은행에서는 운전자금이나 시설자금 공히 모두 일반자금대출이라고 하는데 실무적으로는 기업일반자금대출 계정 기업운전자금대출 항목으로 구분한다.

[출처] 금융실무대사전 I (한국금융연수원 2006) p518~519

8 수형중개인 ⇔ 자금중개회사

북 ▸▸ 은행이나 기타 단기금융기관으로부터 초단기자금을 빌려 각종 수형과 단기증권을 보유함으로써 초단기자금 리자률과 증권 리자률의 편차액으로 리윤을 조성하는 금융기관을 말하는데 오늘날에는 할인상회라고 불린다.

[출처] 재정금융사전 (사회과학출판사 1995) p767~768

남 ▸▸ 금융기관 간 자금의 중개를 전문으로 하는 회사를 말한다. 자금중개회사에서 자금중개 업무는 자금대여와 자금 차입 간의 거래를 연결해 주고 일정수수료만 받는 단순중개와 콜거래의 경우 원활한 거래를 위하여 자기계산으로 거래에 직접 참여하는 매매중개가 있다. 주로 취급하는 업무는 금융기관 간 콜거래, 양도성예금증서 매매, 환매조건부채권 매매, 어음 매매, 외국환 중개업무, 채권 중개업무 등을 취급하고 있다.

[출처] 금융실무대사전 I (한국금융연수원 2006) p591

9 자원보충대부 ⇔ 콜자금(Call Money)

북 ▸▸ 은행을 비롯한 금융기관들은 예금으로 받아들여 마련한 자금 등으로 대부업무를 진행하는데 금융기관이 마련한 예금 등의 자원으로 대부수요를 충족시킬 수 없는 때 부족한 대부자원의 보충을 위하여 다른 금융기관으로부터 돈을 꾸어 쓰는 자금융통의 한 형태를 말한다.

[출처] 재정금융사전 (사회과학출판사 1995) p889~890

남 ▸▸ 콜자금 또는 콜론(Call Loan) 이라고 하는데 금융기관들끼리 단기간에 융통되는 고액 자금의 대차(貸借)를 의미하는 것으로 콜머니(Call Money)의 약칭이다. '부르면 즉각 대답한다.'는 식으로 아주 단기에 회수되는 대차라는 점에서 콜 이라는 이름이 붙여졌다. 중앙은행 즉 한국은행에 예치된 자금 중 일정액의 자금을 빌려오는 경우도 있으나, 금융기관들은 대부분 단기간 동안 이용하는 콜자금을 주로 활용하며 콜자금에 대한 이율을 콜 금리라고 한다.

[출처] 금융실무대사전 I (한국금융연수원 2006) p769,
금융실무대사전 II (한국금융연수원 2006) p1076

10 정기예금 담보대부 ⇔ 정기예금 담보대출

북 ▸▸ 대부받은 채무자가 파산되여 대부금을 반환받지 못할 위험성이 있다는 것을 타산한 금융기관들이 일정한 담보밑에 대부를 주는 경우가 많다. 여기서 담보라는 것은 금융기관이 대부받은 거래대상자가 채무를 반환하지 못하는 경우에도 기어이 채무를 받아내기 위하여 채무액과 맞물려 장악해 두는 밑받침을 의미한다. 따라서 미리 저금기간을 정해놓고 기한이 되어야 찾을 수 있는 장기성의 기한부 저금을 담보로 저당하고 받는 대부를 말한다.

[출처] 재정금융사전 (사회과학출판사 1995) p368, 927~928

남 ▸▸ 정기예금에 가입한 이후 자금의 유동성 부족(자금부족, 자금필요 시)을 해결하기 위하여 예치금액의 일정비율 범위 내에서 예금을 담보로 하는 대출이 가능하다. 이런 경우는 정기예금에 적용되는 이율이 아닌 다른 이율로 대출이자를 부담해야 한다. 왜냐하면 은행은 정기예금 기간이 만기가 되어 출금(만기해약)할 때에 사전에 약정된 정기예금에 대한 이자를 고객에게 지급하기 때문이다.

따라서 은행에서 받는 대출이자는 일반적으로 정기예금이자 즉 고객에게 주는(지급하는) 이자보다는 높은 이자를 받고 있다. 왜냐하면 은행은 대출업무를 수행하는 데 제반비용이 발생하기 때문에 고객에게 주는 이자 크기보다 받는 이자 크기가 더 많거나 높을 수밖에 없다. 이와같이 예금과 대출이자에서 발생하는 차익을 예대마진이라고 한다.

11 초단기대부시장 ⇔ 초단기대출시장(Overnight Market)

북 ▸▸ 대부거래가 가장 짧은 기간으로 이루어지는 시장을 말하는데, 최단기 금융시장 또는 최단기시장이라고도 불리운다. 초단기대부시장에서는 대부받는 사람에게 일시적으로 부족되는 자금을 긴급하게 해결해 주고 대부를 주는 사람은 여유자금을 리용하여 리자를 얻자는 데 그 목적이 있으며, 다른 대부시장과 마찬가지로 은행과 신용기관은 리자 지불을 전제로 하여 수요자에게 돈을 꾸어주는데, 주로 은행이나 신용기관 등의 금융기관들끼리 대부를 주고받는 것을 말한다.

[출처] 재정금융사전 (사회과학출판사 1995) p1128

남 ▸▸ 은행의 주요한 업무 중 하나는 개인이나 기업으로부터 예금을 받아서 예금주에게 지급하는 이자보다 더 높은 이자를 받고서 대출을 해주는 것이다. 은행은 이런 대출에서 수익을 창출하는데 이를 예대마진이라고 한다.

이런 예대마진 수익을 높히기 위해서 대출을 많이 운영해야 하고 이렇게 운영하다보면 은행도 일시적으로 긴급한 자금이 필요하는 경우가 발생하는데 예를 들면 인기리에 판매되었던 적금이나 예금이 만기가 되어 만기일에 많은 예금주들에게 원금과 이자를 지급해야하거나 기업이나 다수의 개인에게 일시적으로 자금이 지출되는 경우와 그 외에 특별한 사유로 특정기업이 필요로 하는 자금을 지원하기 위해서 일시적으로 거액의 자금이 필요하게 된다.

해당자금이 필요한 시점은 다음 영업일이지만 전날 자금의 필요를 미리 파악하여 사전에 조달해야만 한다. 따라서 새롭게 입금되는 예금 등을 예상하여, 필요자금의 규모를 계산하고 자금의 여유가 있는 다른 금융기관으로부터 일시적으로 필요한 부족자금을 미리 조달하는 대출을 말한다.

[출처] 네이버지식백과 (2018.7.4 검색)

12 판매자대부 ⇔ 기업일반자금대출(사업자운전자금대출)

북 ▸▸ 판매자 대부는 구매자 대부의 상반되는 대부로써 판매자의 거래은행이 해당 신용보증기관의 담보 밑에 연불로 상품을 판매하는 자에게 주는 대부를 말한다. 판매자 대부는 국내연불판매, 대외연불판매 시에 모두 다 진행되나 연불수출상품인 경우에 많이 진행된다. 판매자들은 연불로 상품을 판매하게 되는 경우 그 기간에 요구되는 유동자금을 마련하기 위하여 자기가 거래하는 은행에 대부를 요청하게 된다.

판매자는 구매자와 연불판매 계약을 맺고, 은행에 대부를 받기위하여 신용보증기관에서 요구하는 필요서류를 제출하는데, 연불수출인 경우 수출허가승인서를 첨부하여 제출해야 한다. 서류를 접수받은 신용보증기관은 판매자로부터 받은 문건을 검토 심사하여 적합한 경우 신용보험증서를 발급하게 된다.

이를 기초하여 판매자는 거래은행에 대부를 신청하면 은행은 신용보험증서를 담보로 두고 판매자의 해당상품 거래금액의 80~85% 정도 대부금을 주게 된다. 판매자 거래은행은 대부를 단번에 일시금으로 다 주는 것이 아니라 판매자가 상품을 수출하고 보낸 짐문건들을 은행에 제출할 때 마다 상품값에 해당하는 약속수형을 받고 대부를 내준다.

대부를 해준 은행은 판매자가 대부금을 상환하는 차례로 그에 해당하는 약속수형을 되돌려주는데, 만일 구매자가 상품값을 지불하지 못하거나 지불능력을 상실하였을 경우 판매자 거래은행은 신용보증보험기관에 해당한 문건을 작성하고 제출하여 대부금을 보상받게 되는 대부를 말한다.

[출처] 재정금융사전 (사회과학출판사 1995) p1181

남 ▸▸ 개인사업자나 법인사업자가 상품을 생산 위하여 생산설비를 구입하거나, 시스템 또는 시설의 증설이나 공장건물을 신·증축하는 데 필요한 시설자금과는 대비되는 대출로 주로 상품생산에 따른 원재료구입, 제품생산 및 판매활동 등 기업운영에 소요되는 자금을 빌려주는 대출로 사업자운전자금대출이라고 한다.

사업자운전자금대출은 대출기간에 따라 1년 내 단기운전자금대출과 1~3년의 중기운전자금대출로 구분되어지고, 대출실행 방식에 따라 담보대출과 신용대출로 분류되며, 그 중 담보대출의 담보형식은 보증, 저당, 질권 등이 있으며, 인출방식에 따라 개별신청, 개별심사로 진행되는 개별대출과 은행이 규정한 시간 및 한도 내에서 인출과 상환이 자유로운 한도대출로 구분되어진다.

담보물이 없거나 충분하지 않은 기업은 신용보증보험에 사업 판매계약체결 등의 관련서류와 함께 신청서를 제출하여 신용보증기관의 신용보증서를 발급받으면 거래은행에서는 기업이 대출을 받는 데 필요한 여러 조건들이 다소 부족하더라도 대출에 필요한 필수조건들만 충족하게되면 신용보증서를 담보로 취득하여 대출을 해주고 있다.

일반적인 기업대출의 경우 대출조건이나 이율 등은 고정되어 있지 않고, 대출건별마다 매번 다르게 적용되고 있다. 그러나 신용보증보험기관의 신용보증서관련 대출은 신용보증서 내용에 의거 대출기간이나 금액은 사전에 정해져서 대출이 실행되는 장점이 있다. 또한 시설자금대출의 경우에도 운전자금대출과는 개념만 다를 뿐, 대출신청 조건을 제외한 대출신청이나 담보 및 대출운영 방식 등은 운전자금대출과 비슷하다고 할 수 있다.

따라서 수출업자에게 신용보증서를 담보로 대출해주는 것은 기업일반자금대출 계정 운전자금대출로 취급하여 처리해야 한다. 그러나 실무적으로는 사업자운전자금대출이라고 표현한다면 위의 대출내용을 좀 더 쉽게 이해할 수 있을 것이다. 기업일반자금대출과 사업자운전자금대출이라는 표현은 수출업자에게만 국한되는 것이 아니라 국내에서 국내기업을 대상으로 영업활동을 하는 사업주를 대상으로 지원하는 대출도 포함된다.

[출처] 네이버지식백과 (2018.7.8 인터넷 검색)

03

전자금융

개인식별번호 ⇔ 인터넷개인식별번호(아이핀)

리용자식별부호(자신만의 이름) ⇔ 아이디(ID)

망봉사 ⇔ 네트워크

은행자동응답망체계 ⇔ ARS(자동응답시스템)

은행직접결합체계 ⇔ 온라인(On-Line)거래

인터네트 은행업무 ⇔ 인터넷뱅킹(Internet Banking)

인터네트 직결방식 ⇔ 인터넷 결제

자동출납기 ⇔ ATM(자동화기기)

자료묶음체계(자료기지, 자료저장소) ⇔ 데이터베이스

전자자금거래(은행계좌연결카드) ⇔ 전자금융거래(전자결제)

전자화폐 ⇔ 현금카드

전화은행업무 ⇔ 폰뱅킹(텔레뱅킹)

타치 지능형 손전화기(스마트폰) 은행업무 ⇔ 모바일뱅킹

03 전자금융

1 개인식별번호 ⇔ 인터넷개인식별번호(아이핀)

북 ▸▸ 재정금융거래에서 개인들을 분간하기 위한 번호로서 개인의 이름을 대신하는 일종의 부호로서 순서번호체계, 속성번호체계 등 여러 가지 방법으로 만들 수 있는데 재정금융거래는 기관, 기업소 또는 개인별 서류 또는 기록수단으로 등록되고 분류정돈 되며 계산처리되는 것을 말한다.

[출처] 재정금융사전 (사회과학출판사 1995) p303

남 ▸▸ 아이핀(i-PIN)은 인터넷상에서 주민등록번호의 유출과 도용을 방지할 목적으로 과학기술정보통신부에서 2006년 10월 도입한 사이버 신원확인 번호를 말하는데 주민번호는 유출되어도 이를 변경할 수 없지만 아이핀은 이용자가 아이디(ID)와 비밀번호를 자유롭게 바꿀 수 있다.

[출처] 경제용어사전 (더난출판 2010) p532

2 리용자식별부호(자신만의 이름) ⇔ 아이디(ID)

북 ▸▸ 시스템에 들어갈 때 필요한 이름으로 대개는 컴퓨터 등에서 사용하는 자신만의 이름을 말한다.

[출처] 글동무 (2018.7.5 앱 검색),
한눈에 보는 남녘말 북한말 (2018.7.5 앱 검색)

남 ▸▸ 컴퓨터를 사용할 때 사용자(또는 등록자)를 식별하기 위한 식별기호로서 여러 사람이 공유하고 있는 정보통신망 또는 컴퓨터에서 각각의 사용자에게 부여된 고유한 명칭(기호)을 의미한다. ID를 이용하여 등록된 사람여부를 확인하고 전자우편도 보낼 수 있다. 다른 의미로는 데이터 항목을 식별하거나 그것에 이름을 붙이고 그 데이터의 성질을 나타내기 위해 사용되는 문자나 문자열을 나타내는 것이란 의미가 있다. 프로그래밍 언어에서 변수 또는 상수 등과 같은 것을 정의하기 위하여 사용되는 기호로 영문자와 숫자를 조합하여 ID라고 하기도 한다.

[출처] 네이버지식백과 (2018.7.4 인터넷 검색)

3 망봉사 ⇔ 네트워크

북 ▸▸ 통신설비를 갖춘 컴퓨터를 리용하여 서로 연결시켜주는 조직이나 체계로서 컴퓨터 네트워크를 말한다.

[출처] 남북통일말사전 (두산동아 2006) p453,
구글 기사검색(2018.7.12 인터넷검색, 경향신문 2015.7.7)

남 ▸▸ 일반적으로 컴퓨터 상호 간에 정보를 교환할 수 있도록 연결해주는 통신망을 말하는데, 이는 양 컴퓨터 사이에 정보를 주고받기 위해서는 컴퓨터를 연결해주는 회선이 하나만 있으면 되지만, 컴퓨터가 세 대 또는 그 이상이 동시에 정보를 주고받기 위해서는 그물망 같은 망 구조의 회선이 필요하게 된다. 컴퓨터 대수가 많아질수록 회선이 복잡하게 얽히는 구조로 연결되는데 이러한 구조형태가 마치 그물 조직의 짜임새 모양과 같다고 해서 네트워크라고 말한다.

[출처] 네이버지식백과 (2018.7.4 인터넷 검색)

4 은행자동응답망체계 ⇔ ARS(자동응답시스템)

북 ▸▸ 사무실이나 가정에서 금융정보들을 음성으로 은행기관들에 있는 전자계산기와 주고받는 체계로서 은행자동응답망체계는 금융정보들을 음성으로 받아들이고 음성으로 내보는 음성의 합성장치를 말하는데, 음성의 응답장치들이 중요한 장치수단으로 되며 말단장치로서는 전화기, 확스(펙스), 극소형전자계산기 등이 리용되는 것을 말한다.

[출처] 재정금융사전 (사회과학출판사 1995) p1365

남 ▸▸ ARS(Automatic Response Service)는 각종 정보를 음성으로 기억장치에 저장하여 두고 사용자가 전화를 이용하여 시스템에 접속하면 음성으로 원하는 정보를 검색할 수 있도록 사용법을 알려주고, 필요한 정보를 찾으면 이를 음성을 통하여 자동으로 들려주는 시스템을 말하는데 이것을 자동응답시스템 이라고 한다.

주로 금융기관에서 이용되며 고객이 전화를 걸어서 각종 조회, 송금, 예약이체 등 기본적인 업무를 은행에 방문하지 않고 가정 등 전화나 스마트폰이 연결되는 장소에서 이용이 가능할 뿐 아니라, 은행 영업시간의 제약 없이도 이용할 수 있는 편리한 금융시스템이다.

주식(증권)을 사거나 파는 매매 거래, 보험의 경우는 보험사고 발생 시 신고 접수 등 금융업무에 다양하게 적용되고 있다.

[출처] 금융실무대사전Ⅴ(한국금융연수원 2006) p738

5 은행직접결합체계 ⇔ 온라인(On-Line)거래

북 ▸▸ 서로 다른 은행기관들의 정보처리업무를 전자계산기를 비롯한 현대적기술 수단에 의하여 기술적으로 직접 결합시킨 은행정보 처리망을 말한다.

은행들에 설치된 전자기술수단들이 전신통로를 통하여 연결되어 한 은행에서(저금소) 자료를 전송하면 그 자료가 상대방 은행 전자계산기에 그대로 직접 입력되어 해당한 처리가 진행되고 그 처리결과가 다시 전신통로를 통하여 직접 되돌아오는 것을 정보처리업무가 기술적으로 직접 결합되었다고 말한다.

은행직접결합체계는 은행 간의 거래, 은행지점과 저금소사이의 거래, 더 나아가서 은행과 기관, 기업소, 개인들 사이에서 거래의 신속정확성을 보장하기 위하여 전자계산기를 비롯한 현대적 기술수단들을 여기에 사용하는 것을 말한다.

또한 은행직접결합체계에서는 한 은행과 다른 은행과의 자료교환과 교환된 자료의 처리는 전자계산기망체계를 통하여 실시간적으로 진행되고, 이때에 자료의 전송과 전자계산기에 기억된 돈자리잔고 확인과 수정, 한 돈자리로부터 다른 돈자리에로 자금이동 등이 기술수단들에 의하여 자동으로 즉시 진행되여지는 것을 말한다.

[출처] 재정금융사전 (사회과학출판사 1995) p1373

남 ▸▸ 컴퓨터와 컴퓨터가 선으로 연결되어 서로 정보를 주고받는 것으로 컴퓨터 시스템의 주변 장치들이 중앙처리장치와 직접 연결되어 데이터를 바로 전송하여 업무를 처리하는 거래를 말한다.

은행의 경우는 각 은행지점에서 본사에 있는 중앙의 컴퓨터를 데이터 통신시스템으로 직결하여, 각 지점에 있는 단말기로부터 발생 데이터를 전신·전화선을 통하여 직접 투입하여 업무를 처리하는 방식을 말한다.

예를 들면 통장을 어느 특정지점에서 개설하고서 은행에서 입출금 등의 업무를 처리하고자 할 때 통장을 최초로 만든 지점(개설점)을 비롯한 전국에 있는 동일한 은행 다른 지점(비개설점)에서도 은행업무를 편리하게 처리할 수 있다.

특히 ATM은 전국 어느 곳 에서든지 24시간 기본적인 은행업무 처리가 가능할 뿐 아니라, 타행(다른 은행)과도 일부 거래업무는 제한적으로 가능하다.

통상적으로 통장을 최초로 만들었던 개설점에서 개설한 계좌에서 입금이나 출금 등의 은행 업무를 처리하는 경우 은행에서는 개설점 거래라고 하고, 개설점 또는 개설점이 아닌 다른 지점에서 다른 지점으로 송금 등의 업무를 처리하는 경우에는 비개설점 거래라고 하는데, 고객 입장에서는 개설점 비개설점 구분없이 편리하게 모든 업무처리가 가능하다.

[출처] 금융실무대사전Ⅴ(한국금융연수원 2006) p623~624

6 인터네트 은행업무 ⇔ 인터넷뱅킹(Internet Banking)

북 ▸▸ 전 세계의 컴퓨터가 서로 연결되어 현실적이고 신속하게 호상 간에 정보를 교환할 수 있는 것으로 하나의 거대한 컴퓨터 통신망을 리용하여 금융기관과 현대적 기술을 접목하여 은행직접결합체계로 연결하는 은행업무 처리 수단이다.

개인, 기업소, 기관과 은행 또는 개인, 기업소, 기관 호상 간 임의의 시각에 은행에 마련되어 있는 돈자리의 잔고 확인과 수정, 한 돈자리로부터 다른 돈자리에로 자금이동, 환금, 자동환치체계 설정 또는 해지 등 은행 업무를 즉시적으로 컴퓨터를 매개로한 기술수단들에 의하여 환치방식으로 진행되는 것을 말한다. 신기술과 컴퓨터기능을 리용하여 은행업무를 처리하는 최고수준의 수단이다.

[출처] 재정금융사전 (사회과학출판사 1995) p1377~1378,
통일부 홈페이지 북한정보포털 (2018.7.5 인터넷 검색)

남 ▸▸ 인터넷뱅킹은(Internet Banking)인터넷을 통해 은행 업무를 처리하는 금융시스템으로 컴퓨터 통신망인 인터넷을 이용하여 은행 업무를 처리하는 금융 시스템을 말한다. 인터넷이 가능한 컴퓨터에서는 전 세계에서 언제 어디서나 개인 인증확인을 거쳐 송금, 입출금내역 확인, 계좌생성, 자동이체, 대출 등 다양한 은행 업무를 할 수 있다. 인터넷 뱅킹을 하기 위해서는 은행 창구에서 신청하여야 하며, 보안을 위해 인증서를 생성하고 비밀번호 등을 확인해야 한다.

인터넷뱅킹은 전세계의 사람들을 고객으로 삼아 영업활동을 벌일 수 있는 장점이 있고, 인터넷 이용고객은 상대적으로 젊고 중산층 이상이므로 막대한 시장잠재력을 지니고 있을 뿐 아니라, 은행에 방문해서 은행원을 통하여 업무를 처리하는 고객은 감소하고 있는 반면, 은행을 방문하지 않고 인터넷을 이용하는 고객은 지속적으로 증가하고 있다.

[출처] 금융실무대사전Ⅴ(한국금융연수원 2006) p714

7 인터네트 직결방식 ⇔ 인터넷 결제

북 ▸▸ 전 세계의 컴퓨터가 서로 연결되어 현실적이고 즉시성있게 호상 간에 정보를 교환할 수 있는 하나의 거대한 컴퓨터 통신망과 금융기관과 연결되어 있는 각종 말단장치들과 결합되어 물품구매 대금이나 금융기관에 납부하여야 할 요금 등을 납부하거나 청산처리하는 방식을 말한다.

[출처] 통일부 홈페이지 북한정보포털 (2018.7.5 인터넷 검색),
한눈에 보는 남녘말 북한말 (2018.7.5 앱 검색)

남 ▸▸ 인터넷을 이용해서 각종 은행 업무를 원격지에서 편리하게 처리하는 것을 말하는데, 작게는 은행업무 관련에서부터 쇼핑몰에서 물건을 구입한 후 대금결제 또는 해외거래처와 비용을 정산하는 행위뿐 아니라, 크게는 최근 일부에서 거래되고 있는 가상화폐를 이용한 비용 결제까지도 포함될 만큼 그 범위가 점차 확대되고 있다.

[출처] 경제용어사전 (더난출판 2010) p646,

[출처] 금융실무대사전Ⅴ(한국금융연수원 2006) p714

8 자동출납기 ⇔ ATM(자동화기기)

북 ▸▸ 자동출납기는 현금입출금 업무를 자동으로 신속 정확히 수행하기위하여 돈을 자동으로 내주거나 받아들이기 위해서 만든 기계이다. 자동출납기는 개인들이 현금을 직접가지고 다니지 않아도 임의의 시각에 필요한 현금을 받아쓸 수 있고 맡길 수 있는 리용이 편리한 기계를 말한다.

[출처] 재정금융사전 (사회과학출판사 1995) p855

남 ▸▸ 현금자동입출금기 또는 자동금융거래단말기로서 ATM(Automatic Teller's Machine)은 금융기관의 거래고객이 은행의 영업시간 또는 창구를 통할 수 없는 영업외 시간 그리고 휴일에도 창구의 출납계원이 하는 업무와 같은 현금지급, 현금입금, 계좌이체처리 등을 자동으로 해주는 기기로서 은행의 기본적인 업무를 무인으로 수행하는 기계를 말한다.

ATM은 금융기관의 영업시간은 물론 영업외 시간 운영과 휴일 운영 등 영업점 내 창구 이외의 장소 등에 온라인으로 연결, 설치되어 있어 단순 입·출금 및 계좌이체 등 송금 업무는 고객이 직접 조작하여 이용할 수 있는 기계이다.

[출처] 경제용어사전 (더난출판 2010) p934,
금융실무대사전Ⅴ(한국금융연수원 2006) p1000

9 자료묶음체계(자료기지, 자료저장소) ⇔ 데이터베이스

북 ▸▸ 전자계산기의 리용에 의거한 자료묶음체계로서 전자계산기에 의한 자료묶음 저장은 두 가지 원칙에 따라 할 수 있는데, 그 하나는 매개 경제문제를 해결하기 위하여 자료를 특수하게 수집하여 가공한 후 저장하는 것이고, 다른 하나는 각이한 문제해결에 공통적으로 쓰이는 통보편람 자료를 리용하는 것인데 이 방식은 시초자료를 전자계산기에 기억시키고 그것을 리용하여 여러 가지 결심 채택과 보고서 작성에 필요한 결과자료들을 얻을 수 있는데 이러한 자료들을 한데 어울려 모아놓은 저장소를 말한다.

[출처] 경제사전 2 (사회과학출판사 1985) p207,
글동무 (2018.7.5 앱 검색),
통일부 홈페이지 북한정보포털 (2018.7.5 인터넷 검색),
한눈에 보는 남녘말 북한말 (2018.7.5 앱 검색)

남 ▸▸ 상호 연관된 데이터(사실, 개념 또는 자료)의 집합으로 어느 특정 조직의 응용시스템들을 공동으로 사용하기 위하여 통합 저장된 운영데이터의 집합을 말한다.

사람이 작성한 검색공식을 인식하고 이를 논리적으로 연산하여 적절한 결과를 도출하는 정보의 단위로 어느 한 조직의 여러 가지 응용시스템들이 공용할 수 있도록 데이터의 중복을 최소화하고 유기적으로 결합하거나 통합하여 저장된 운영데이터의 집합체 또는 여러 가지 업무에 필요한 자료를 한곳에 모아서 저장한 것을 말한다.

[출처] 경제용어사전 (더난출판 2010) p262,
금융실무대사전Ⅴ(한국금융연수원 2006) p231~232

10 전자자금거래(은행계좌연결카드) ⇔ 전자금융거래(전자결제)

북 ▸▸ 전자계산기를 비롯한 현대적 기술수단을 리용하여 진행하는 자금거래의 기동성과 정확성을 보장할 수 있는 위력한 방식으로 거래되는 것으로 전자자금거래에는 전자계산기 기본 장치들과 전화기, 텔렉스, 확스, 컴퓨터 등 각종 말단장치들 그리고 그것들을 결합시키는 장치수단들이 리용되는데, 기존의 현금통화나 예금 통화와 다른 수단으로 결재되는 형태가 아닌 순수하게 전자적인 방식으로 진행되는 결제방식을 말한다.

[출처] 글동무 (2018.7.5 앱 검색),
재정금융사전 (사회과학출판사 1995) p921

남 ▸▸ 전자금융이란 은행의 금융서비스전달 채널을 전자화한 것으로서 이를 통해 은행은 서류와 현금을 직접 이동시키는 대신 전자정보의 교환만으로 금융거래를 할 수 있기 때문에 은행 지점의 창구직원을 통하지 않고서도 고객들에게 다양한 방법으로 서비스를 제공할 수 있게된다.

금융업무의 자동화추세에 따라 ATM, POS, 직불 및 IC카드, 홈뱅킹, 인터넷뱅킹 등 전자자금이체 업무가 활성화되면서 고객은 광범위하게 분산되어 있는 무인단말기와 가맹점 장비를 사용함으로써 보다 쉽게 금융회사를 이용할 수 있게 되었다.

특히 은행이 아닌 일반상점이나 주유소 등에 설치되어 있는 간단한 소형기계(단말기)로 물건값에 해당하는 금액을 신용카드로 결제하는 방식이 일반적으로 전자금융거래를 쉽게 이해할 수 있는 대표적인 사례라고 할 수 있다.

[출처] 경제용어사전 (더난출판 2010) p697,
금융실무대사전 I (한국금융연수원 2006) p648

11 전자화폐 ⇔ 현금카드

북 ▸▸ 전자화폐는 전자계산기를 비롯한 현대적 기술수단을 리용하여 류통할 수 있도록 만든 가치의 전자적 표식물로서 일반적으로 화폐는 일정한 형태와 규격의 종이 또는 금속에 화폐의 발행은행, 화폐의 번호, 가치의 크기 등을 기록하여 만든다. 그러나 전자화폐는 자성물질을 첨부한 일정한 규격의 종이(또는 수지)로서 화폐로 리용하는 데 필요한 여러 가지 사항들을 기록하여 만든다.

전자화폐의 종이(수지)부분에는 사람이 알아볼 수 있게 가치의 크기를 비롯한 사항들을 기록하고 자성물질(자기띠와 같은 물질)로 된 부분에는 전자기구들에게서 자동적으로 수감할 수 있도록 필요한 사항들은 전자적으로 기록한다.

전자화폐는 은행 업무에 전자계산기를 비롯한 현대적 기술수단들을 광범히 하게 도입하여 그것을 보다 더 효과적으로 리용하여야 할 사회적 요구로부터 발생하게 되었다.
전자화폐는 예금, 출금, 환치 등과 관련한 자료의 입구를 자동으로 진행할 수 있게 함으로써 전자계산기를 효과적으로 리용하는 데 있어 매우 중요한 의의를 가진다고 할 수 있다.
전자화폐는 모든 자료들을 전자기적 형태로 기록하고 그것을 전자기구와 장치를 통하여 자동으로 수감할 수 있게 형성되여 있다.

[출처] 재정금융사전 (사회과학출판사 1995) p921～922

남 ▸▸ 현금카드(Cash Card)는 신용카드(Credit Card)와 현금카드 두 가지로 구분되는데 신용카드는 대금 지불, 소비자신용, 신분표시 등의 기능이 있는 반면, 오직 대금 지불 기능만을 갖는 카드를 현금카드라 한다.

현금카드는 은행의 자동화기기(CD : 출금만 가능한 기계, ATM : 입출금과 계좌송금 등 업무가 가능한 기계)에서 현금카드를 투입하고 카드와 연결되어 있는 계좌의 잔고범위 내에서 출금 또는 송금, 이체 업무를 은행창구가 아닌 자동화기기에서 직접 처리할 수 있는 명함크기의 플라스틱 소재로 만들어진 카드를 말한다.

또한 해외사용이 가능한 현금 카드는 해외에 있는 해외은행 자동화기기에서 해외 현지의 해당국가 화폐로도 출금이 가능하다. 이때 출금되는 금액을 외화 환율로 계산한 금액과 일정수수료를 포함하여 현금카드에 연결되어 있는 국내 거래은행의 계좌에서 동시에 출금 처리된다.

은행에서 현금카드를 신규로 발급 받을때에 해외사용가능 카드로 요청하면 별도의 추가 절차없이 은행직원이 발급해 준다.

[출처] 금융실무대사전 II (한국금융연수원 2006) p1165

12 전화은행업무 ⇔ 폰뱅킹(텔레뱅킹)

북 ▸▸ 전화를 매개로하여 개인, 기업소, 기관은 전화를 리용하여 은행에 설치되어 있는 전자계산기망체계와 결합하여 임의의 시각에 은행에 마련되어 있는 돈자리의 잔고 확인과 수정, 한 돈자리로부터 다른 돈자리에로 자금이동, 환금, 등 은행업무가 전자계산기망체계를 통하여 실시간적으로 진행된다.

이때에 자료의 전송과 전자계산기에 기억된 돈자리잔고 확인과 수정, 한 돈자리로부터 다른 돈자리에로 자금이동 등이 기술수단들에 의하여 편리하고 자동으로 즉시 진행되는 것을 말한다.

[출처] 재정금융사전 (사회과학출판사 1995) p1377~1378,
한눈에 보는 남녘말 북한말 (2018.7.5 앱 검색)

남 ▸▸ 전화로 은행거래를 할 수 있는 시스템으로 잔고조회, 거래은행 간의 송금뿐만 아니라 타행송금, 정기적금, 대출이자, 공과금 등에 대한 자동이체 신청 또는 해지 등을 전화로 은행에 지시할 수 있어 편리하다.

각 은행의 텔레뱅킹센터에 전화가 연결되면, 전화기에 설치된 음성자동응답시스템의 안내에 따라 전화버튼을 차례로 누르면 자동으로 컴퓨터가 처리한다.

이용할 때에는 계좌 비밀번호, 텔레뱅킹 비밀번호, 주민등록번호, 계좌번호를 알아야 한다. 은행에 방문하지 않고 전화를 이용하여 은행업무를 처리할 수 있어서 시간단축 및 요금절약 등의 장점이 있다.

[출처] 금융실무대사전V(한국금융연수원 2006) p924~925, 965,
경제용어사전 (더난출판 2010) p862

13 타치 지능형 손전화기(스마트폰) 은행업무 ⇔ 모바일뱅킹

북 ▸▸ 아리랑 또는 평양타치 같은 이동성을 가진 타치 지능형 손전화기(스마트폰)를 수단으로 인터네트를 매개로하여 은행일을 처리하는 것을 말한다.

인터네트 은행 업무는 컴퓨터를 매개로 은행 업무를 처리한다면 인터네트 접선이 가능한 터치 지능형 손전화기를 리용하여 은행 업무를 편리성있게 보는 것을 말한다. 인터네트 은행업무보다 더 한층 발전된 수단이다.

[출처] 글동무 (2018.7.5 앱 검색)
한눈에 보는 남녘말 북한말 (2018.7.5 앱 검색)

남 ▸▸ 인터넷이 가능한 휴대전화, PDA, 스마트폰 등 이동통신기기를 수단으로 무선인터넷을 통해 언제 어디서나 장소에 구애받지 않고 편리하게 금융기관의 전산시스템과 연결하여 잔액조회, 계좌이체, 환율조회, 자기앞수표 조회, 거래내역 조회, 신용카드 거래, 현금서비스 등 은행업무를 처리할 수 있는 금융거래 서비스를 말한다.

인터넷을 기반으로 하지만 이동 중에도 사용할 수 있다는 점에서 인터넷뱅킹과 구분된다.

[출처] 금융실무대사전Ⅴ(한국금융연수원 2006) p311~312

04

외환·무역

경화 ⇔ 경화(전환통화, Hard Currency)

경화차관 ⇔ 경차관(Hard Loan)

대기대부 ⇔ 보증신용장(Stand -by - credit)

되거리무역 ⇔ 중계무역

보스트로돈자리 ⇔ 보스트로어카운트

수체(대금수체결제) ⇔ 지불청구서(D/A:인수인도, D/P:지급인도)

안내가격 ⇔ 국제시장가격(물품가격 리스트)

암환자시장(암거래시장) ⇔ 외화암시장(암달러시장)

연화 ⇔ 연화(비전환통화, Soft Currency)

연화대부 ⇔ 연차관(Soft Loan)

자유대부 ⇔ 뱅크론(Bank Loan)

짐환자 수형 ⇔ 화환어음결재

환자 ⇔ 환전

환자막팔기(환자투매) ⇔ 평가절하

환자시세(환률, 외국환자시세) ⇔ 환율

환자전 ⇔ 환율전쟁(통화전쟁)

환자중개인 ⇔ 외환중개인(외환딜러)

회전신용장 ⇔ 회전거래신용(순환신용장, 리볼링거래)

04 외환·무역

1 경화 ⇔ 경화(전환통화, Hard Currency)

북 ▸▸ 다른 나라의 통화와 자유롭게 교환할 수 있는 특정나라의 민족화폐로서 전환성을 가지는 통화를 경화라고 한다. 역사적으로 볼 때 금과 자유롭게 교환할 수 있는 통화를 경화라고 하였다.

국제통화기금 성원국의 정부나 발권은행이 제시하는 딸라 청구권을 금으로 교환해주었기에 딸라가 유일한 경화행세를 하였다. 그러나 통화도 점차 다른 나라 통화와 자유롭게 교환되는 전환성통화로 변화되어 다른 나라의 통화도 경화신분을 가지게 되었다.

[출처] 재정금융사전 (사회과학출판사 1995) p65

남 ▸▸ 경화는 금속으로 주조된 주화를 가리키는 돈을 의미하는 뜻을 가지고 있으나, 반대로 연화는 지폐의 뜻을 가지고 있다. 경화는 실제로 환관리를 직접 받지 않고 각 나라의 통화 또는 금과 자유롭게 교환 될 수 있는 통화로 통용되고 있으며, 전환통화라고도 한다.

[출처] 금융실무대사전 II (한국금융연수원 2006) p82

2 경화차관 ⇔ 경차관(Hard Loan)

북 ▸▸ 국가 또는 경제단위가 다른 국가나 경제단위의 전환성 통화로 빌려주는 차관을 말한다.

경화차관은 대부를 받은 그 통화는 자기가 희망하는 다른 임의의 나라 통화와 교환하여 사용할 수 있는 전환성 통화로 받기 때문에 경화차관을 받으면 다른 대부차관 보다는 매우 편리하다.

[출처] 재정금융사전 (사회과학출판사 1995) p65

남 ▸▸ 연차관과는 반대되는 개념으로 미국 달러화와 같이 태환성이 있는 경화로서 자유교환성이 있는 경화(Hard Currency, Free Convertible Currency)로 상환할 것을 조건으로 하는 외국차관을 말한다.

경화로 상환하더라도 거치기간, 상환기간이나 금리조건이 차입자(대출자)에게 불리한 경우에는 하드론이라고 한다. 경차관과 비슷한 의미로 타이트론(Tite Loan)이라고 하며, 조이는 대출이라는 의미를 가지고 있는 대출을 예로 들면 대출자가 미리 사용 용도를 지정하고서 그 운영(대출금 사용)을 감독하는 차관(대출)이 있는데, 이를 조건부 차관, 구속 차관이라고도 한다.

외국에 차관을 공여할 때 그 차관으로 구입하는 자재, 기재 등의 조달처를 차관공여국(대출금을 빌려주는 나라)에 한정시키는 것으로 주로 차관공여국의 수출촉진을 그 목적으로 하는데 있다.

[출처] 금융실무대사전 II (한국금융연수원 2006) p81, 708

3 대기대부 ⇔ 보증신용장(Stand -by - credit)

북 ▸▸ 합의에 따라 정해진 기간과 한도액 범위 내에서 필요한 시기에 언제든지 꺼내 쓸 수 있는 대부를 말하는데 주로 국제적으로 진행되는 은행간 대부의 한 형태로서 주로 외국과 무역 거래 시에 쓰이는 대부이다.

[출처] 재정금융사전 (사회과학출판사 1995) p395

남 ▸▸ 국제통화기금은 외화사정이 악화된 나라에 포괄적인 신용장을 공여하고 그 범위 내에서 언제든지 자금을 수시로 인출하여 사용하게 하는 제도 또는 재외(해외) 상사의 채무를 보증하기 위하여 환관리 은행이 발행하는 신용장을 말한다.

재외상사는 신용장상의 신용(대출 또는 보증)한도 범위내에서 자금을 인출하여 무역대금으로 사용할 수 있는 일종의 무역 관련 대출이다.

[출처] 금융실무대사전Ⅴ(한국금융연수원 2006) p382~383

4 되거리무역 ⇔ 중계무역

북 ▸▸ 수입된 상품을 가공하지 않은채로 다시 다른 나라로 수출하는 무역의 한 형태로서 수입품이 자기나라 안으로 들어왔다가 다시 나가는 것과 자기나라 안으로 들어오지 않고 제3국으로 보내는 방식으로 수출하는 경우로 재수출 무역이라고도 한다.

[출처] 경제사전 1 (사회과학출판사 1985) p466,
남북통일말사전 (두산동아 2006) p429

남 ▸▸ 수입업자가 수출을 목적으로 특정국가로부터 물품을 수입하여, 수입 물자를 가공 하지 않고 원형 그대로 수입국이 아닌 제3국에 수출하여 수출입 매매대금의 차익 취득을 목적으로 하는 무역거래 방식을 말한다.

5 보스트로돈자리 ⇔ 보스트로어카운트

북 ▸▸ 은행이 다른 나라 예금자를 위하여 설치한 자기나라 화폐로 된 돈자리를 부르는 이름을 말한다. 이 명칭은 라틴어로 언어학적 의미로서는 '당신의 돈자리'라는 뜻으로 최근에는 보스트로돈자리라는 표현보다는 영어표기로 '당신의 돈자리'라는 말로 많이 쓰이고 있다.

[출처] 재정금융사전 (사회과학출판사 1995) p546

남 ▸▸ 주로 외국은행 간 거래 시에 개설하는 계좌로서 어떤 은행이 다른 은행의 예치계좌 즉 상대은행이 우리은행에 상대은행 명의와 상대은행 나라의 화폐로 만든 예금계좌를 지칭할 때 사용되는 용어로서 'Your Account'라고 표현한다.

[출처] 네이버지식 백과 (2018.7.11 인터넷 검색)

6 수체(대금수체결제) ⇔ 지불청구서(D/A:인수인도, D/P:지급인도)

북 ▸▸ 은행이 채권자(공급자)의 의뢰를 받고 채무자(수요자)로부터 지불대금을 받아주는 무현금결제방식의 한 형태로서 수체방식은 주로 다른 지역 간의 결제 방법이나 나라들 사이의 무역거래 대금결재에서 주로 리용되고 있다.

수체에 의한 결제는 채권자 거래은행이 채권자로부터 제출되어 의뢰받은 결제문건을 검토하고 그것을 채무자 거래은행에 발송하여 채무자의 지불확인을 받고 그의 돈자리에서 해당되는 지불금액을 떼여내 채권자 거래은행에 통지한 후 채권자의 돈자리에 넣어주는 절차로 진행되는 은행의 결제업무조직 형태를 말한다.

[출처] 경제사전 2 (사회과학출판사 1985) p109,
재정금융사전 (사회과학출판사 1995) p393~394, 761

남 ▸▸ 개인 혹은 기관이나 회사는 물품을 구입하거나 서비스를 이용한 후, 이에 대한 대금을 지불할 의무를 가지게 된다. 반대로 물품 혹은 서비스를 제공한 개인 또는 회사측에서는 지불해줄 것을 요청할 수 있는 권리를 갖게 된다.

이런 권리를 충족하기 위해서는 지불청구서를 작성하여야 하는데, 지불청구서라는 것은 특정한 금액의 지불을 청구하기 위한 목적으로 작성하는 문서인데, 지불청구서를 작성할 때에는 지불 금액 관련 사항을 비롯하여 지불 받고자 하는 방법을 명시하고, 지불 요청 금액, 과목, 내용, 비고, 청구일자, 청구인 등의 내용을 정확히 기재해야만 한다. 또한 경우에 따라 청구인의 서명 또는 날인이 필요 하기도 한다. 그리고 중요한 사항은 대금을 수취하는 은행과 계좌번호 등 금융기관

정보 등의 사항은 빠짐없이 기재해야 한다.

따라서 지불청구서는 지불청구서를 근거로 거래하는 금융기관에 의뢰하여 지급받아야 할 결제금액을 상대가 거래하는 금융기관을 통해서 지급받는 절차를 거치는 결제방식을 말한다.

이런 결제방식을 무역거래에서는 주로 D/A(인수인도 방식)라고 한다. D/A(Document Against Acceptance)란 수입자의 거래 은행이 지급을 보증하지 않는 외상거래의 수출입 결제방식을 뜻하는 무역용어이다.

D/A방식은 통상적으로 수입자의 거래은행이 지급을 보증하는 신용장 방식과는 달리 수입자의 거래은행이 지급보증을 하지 않는 거래방식이기 때문에 수출자와 수입자가 서로 신뢰하는 경우에만 활용된다.

다른 거래방식으로 D/P(지급인도 방식)가 있는데 D/P(Documents Against Payment)는 D/A와 같은 의미이지만 D/A와 달리 화물과 함께 송부된 선적서류를 거래은행에서 대금지급과 동시에 즉시 인수할 수 있는 결제방식을 말한다.

[출처] 경제용어사전 (더난출판 2010) p953, 957,
금융실무대사전Ⅴ(한국금융연수원 2006) p709, 840~841

7 안내가격 ⇔ 국제시장가격(물품가격 리스트)

북 ▸▸ 환자시장이나 증권거래소에서의 거래대상이 아닌 물품에 대한 가격으로 광석, 원유제품, 화학제품 등의 상품에 대한 가격을 보도하는 전문출판물 또는 여러 기관들에서 발간하여 보도하는 부문별 잡지와 무역신문 등에 보도되는 가격 또는 무역기관이나 상사(회사)들이 문건으로 공개적으로 발표하는 가격을 말한다. 안내가격에는 일반적으로 국내도매가격, 수출가격(수출항 배우에 넘겨주기 가격), 수입가격(수입항까지의 운임, 보험료 포함가격) 등으로 구성되어 있다.

안내가격은 보도되는 해당시기에 시장에서 판매되는 기관 및 상사나 회사들에서 경험 통계적 방법에 의하여 규정되는 가격이나 평균가격에 지나지 않고 실제적으로 판매되는 가격과는 차이가 있으므로, 안내가격은 판매자가 그 가격에 의하여 자기의 상품을 판매하고 싶다는 희망을 표시한 가격으로서 매매계약을 맺을 시에는 단지 상품가격 제정의 출발점으로 밖에 되지 않는 것을 말하며, 일반적으로 가격표나 정가표에 발표되거나 안내되여 있는 상품가격을 말한다.

[출처] 재정금융사전 (사회과학출판사 1995) p1314

남 ▸▸ 국제시장에서 국제적 가치를 기준으로 성립되는 상품의 가격을 말하고 국제시장에서 거래되는 상품은 국제상품, 준 국제상품, 국내상품의 3종류로 크게 분류하는데, 특히 국제상품은 식료, 원료, 귀금속 등과 같은 동질적인 상품이므로 표준화를 기할 수가 있어서 운임·수수료 등을 제외하고는 국제적으로 균일가격이 성립될 수 있다. 이러한 상품들의 균일가격 또는 가격 일람표를 신문이나 홍보 매체를 통해서 게재하거나 공시하는 가격을 말한다.

[출처] 네이버지식백과 (2018.7. 21 인터넷 검색)

8 암환자시장(암거래시장) ⇔ 외화암시장(암달러시장)

북 ▸▸ 환자거래 시장에서 비법적으로 환자거래가 이루어지는 시장을 말하는데 외화거래자들은 환자시세에 거래를 해야 하지만 외화를 팔고 살 때 외화적 손해를 보지 않고 더 많은 리익을 보거나 또는 살 수 없는 외화를 국가의 통제 밖에서 비법적으로 사려는 시도로부터 암거래를 하게 되는데, 이와 같이 비법적으로 국가의 통제 밖에서 외화를 팔고 사는 시장을 암환자시장이라고 말한다.

[출처] 재정금융사전 (사회과학출판사 1995) p1315

남 ▸▸ 외화를 정상가격보다 비싸게 또는 싼 가격으로 거래되는 곳으로 정부로부터 허가 받은 금융기관이나 환전소가 아닌 곳에서 거래되는 음성적인 시장을 말한다.

넓은 의미로는 불법적인 외화거래가 이루어지는 시장을 가리키며, 블랙마켓이라고도 하는데, 대개는 허가받지 않은 거래이기 때문에 개인(암달러상)과 개인 또는 개인(암달러상)과 법인 간의 거래로 이루어지고 주로 현금끼리 교환하는 형태로 이루어지고 있다.

9 연화 ⇔ 연화(비전환통화, Soft Currency)

북 ▸▸ 연화는 원래 금속으로 만든 경화에 대응되는 개념으로 종이로 만든 화폐를 의미하였다. 연화는 다른 나라 화폐와 자유롭게 교환할 수 없는 통화를 말한다.

최근에는 그 의미가 비전환성 외국화폐를 연화라는 의미로 변모되었다. 또한 연화가 유통되는 지역을 연화권 또는 연화지역이라고도 한다.

[출처] 재정금융사전 (사회과학출판사 1995) p1327~1328

남 ▸▸ 경화가 금속으로 주조된 주화를 가리키는 돈을 의미하는 반면 연화는 지폐의 뜻을 가지고 있으며, 환 관리를 받고 있는 외국통화와 자유롭게 교환될 수 없는 화폐로서 전환불가능 통화를 말한다.

[출처] 금융실무대사전 II (한국금융연수원 2006) p82, 709

10 연화대부 ⇔ 연차관(Soft Loan)

북 ▸▸ 경화대부에 대응하는 개념으로 대부금 상환을 대부받은 나라의 통화로 지불하는 대부를 말하는데, 전환성 통화로 대부를 해주고 대부금 상환은 대부금을 주는 나라의 통화로 상환하는 경우의 대부를 말한다.

경화대부처럼 전환성화폐 대부일지라도 유예기간, 상환기간, 리자율 등 상환 조건이 일반적인 보통대부에 비하여 매우 관대한 경우에는 이것을 연화대부라고 한다. 실무에서는 또 다른 말로 소프트대부라고도 한다.

[출처] 재정금융사전 (사회과학출판사 1995) p1328

남 ▸▸ 연차관은 차관수수국 즉 대출을 상환받는 나라의 통화로 상환 할 수 있는 차관을 말하는데 이는 대출받는 수수국의 경화에 의한 상환부담을 경감 시켜주기 위함이다.

전환성통화인 경화로 상환하더라도 거치기간, 상환기간, 금리 등 상환조건이 통상적인 차관에 비하여 장기간이거나 낮은 저금리로서 차관 수수국에 유리한 차관의 경우에도 연차관이라고 한다.

[출처] 금융실무대사전 II (한국금융연수원 2006) p81, 708

11 자유대부 ⇔ 뱅크론(Bank Loan)

북 ▸▸ 국제금융기구 또는 다른 나라의 금융기관들로부터 용도에 제한을 받는 것 없이 받는 외화대부로 임펙트 대부(Impact Loan) 또는 용도 무제한 대부라고도 한다.

본래 자유대부의 의미는 개발계획 등을 실시하는 데 직접 필요하지는 않으나 그 계발계획에 관계되여 원자재 등의 추가구입이 필요하게 되였을 경우에 대부해주는 차관이었는데, 근래에는 용도에 제한 없이 대부해주는 외화차관을 가리켜 자유대부라고 한다.

자유대부는 사용용도에 제한이 없으므로 자금조달 수단의 다양화와 환자위험으로 부터의 회피 그리고 자금을 필요한 나라 화폐로 조달받을 수 있는 것으로 하여 대부받는 입장에서는 매우 유리한 대부형태라고 할 수 있다.

[출처] 재정금융사전 (사회과학출판사 1995) p888~889

남 ▸▸ 일반적으로 차관은 정부나 기업이 개발도상국의 정부나 기업에게 자금을 빌려주는 형태로 거래가 되지만 뱅크론은 은행이 개발도상국의 은행에게 대출을 해주는 것을 말한다.

통상의 대출과는 다르게 은행이 기업이 아닌 은행에게 대출 하는 은행 간 대출로서 용도를 지정하지 않는 경우가 많으며, 개별안건에 대한 소액대출(차관)이 아니라 한꺼번에 상당히 많은 금액을 대출해주는 은행 간 차관 대출을 말한다.

예를 들어 전대차관(Tide Loan)은 상품을 수입하려는 수입자에게 대출할 것을 조건으로 수입국의 금융기관에 빌려주는 대출로 전대차관 또한 은행 간 거래이므로 차입자측에서는 일종의 뱅크론(Impact Loan)이라고 할 수 있다.

그러나 전대차관의 순수한 의미측면에서 보면 사전에 빌려주는 자금은 국내의 상품수입업자(수요자)에게 대출(전대)해주도록 사용조건을 붙여서 빌려주는 자금이라서 은행 간 대출인 뱅크론과는 의미가 다르다고 할 수 있다.

[출처] 금융실무대사전V(한국금융연수원 2006) p361, 761,
네이버지식백과 (2018.7.7 인터넷 검색)

12 짐환자 수형 ⇔ 화환어음결재

북 ▸▸ 수송과 관련한 짐증권을 첨부하여 발행하는 수형으로 서로 떨어져있는 국제무역결제에서만 짐환자 수형이 사용되는데 무역거래자들 사이의 판매자가 구매자를 지불인으로 하고 자기 또는 거래은행을 수익인(채권자)으로 하여 발행한다.

일반적으로 해당 무역상품의 내용과 수량을 밝힌 상업송장으로 배짐증권(또는 여러 형태의 수송증권) 등 관계적선 문건들에 의하여 그 지불조건들이 나열 또는 인수가 담보 되어있는 것이다. 특히 짐환자 수형은 지불기일이 되어야 지불할 의무가 있으므로 그전에 지불자에게 보내여 지불을 요구할 수 없는 특징이 있다.

[출처] 재정금융사전 (사회과학출판사 1995) p1047~1048

남 ▸▸ 멀리 떨어져있는 격지매매 즉 무역거래에서 매도인의 대금청구를 위해 매수인이 자기를 수취인으로 하고 매수인을 지급인으로 하는 자기지시 환어음으로 발행한 환어음을 담보하는 것으로서, 매도인 즉 수출업자가 물품을 선적한 후 매매 목적물에 관한 제반 서류인 운송증권(화물상환증, 선하증권) 등의 선적서류와 환어음을 발행하여 거래은행에서 상환하여 대금을 지불(할인)받는 제반 조건 등을 말한다.

[출처] 금융실무대사전 I (한국금융연수원 2006) p858,
네이버지식백과 (2018.7.7 인터넷 검색)

13 환자 ⇔ 환전

북 ▸▸ 서로 다른 나라의 화폐자금을 일정한 비률에 따라 교환하는 형태로서 환자는 주로 화폐자금을 호상 간에 바꾼다는 뜻으로서 주로 나라들 간의 경제거래에 근거한 국제결제에서 제기되는 개념을 말한다. 이때에 우리나라 화폐와 외국화폐 또는 외국화폐와 또다른 외국화폐를 바꾸는 경우도 환자라고 한다.

환자업무는 거래대상의 지역적 범위에 따라 국내환자와 외국환자 업무로 나누며 누가 먼저 거래를 일으키는가에 따라 보내는 환자(기발환자)와 받는 환자(피기발환자)로, 자금이 운동하는 흐름에 따라 넣는 환자(순환자)와 떼는 환자(역환자)로 나누며 거래방식에 따라 지불위탁, 지불청구, 송금 등으로 가를 수 있다.

[출처] 경제사전 2 (사회과학출판사 1985) p614,
재정금융사전 (사회과학출판사 1995) p1377~1378

남 ▸▸ 서로 종류가 다른 나라의 화폐와 또 다른 나라의 화폐끼리 교환 또는 우리나라 돈을 다른 나라 돈으로 바꾸는 것을 '환전'이라고 하는데, 이는 상대화폐의 국적에 관계없이 외국화폐와 교환하는 행위를 말하는 것으로서 통상적으로는 자기나라 돈을 외국돈으로 바꾸는 것을 환전이라 한다.

14 환자막팔기(환자투매) ⇔ 평가절하

북 ▸▸ 수출대상 나라의 통화에 대한 환자시세를 낮추는 방법으로 자기나라 통화를 평가인하 함으로써 해당시기 국제시장가격보다 값눅게 상품을 실현함으로써 눅은 가격의 상품이 자기의 경쟁력을 대외시장에서 확대하여 많은 상품을 판매하는 시장쟁탈의 한 형태로서 수출강행 정책이라고도 한다.

상품막팔기는 생산자가 시장에서 독점적 우위를 차지하기 위하여 생산비도 안되는 눅은가격으로 상품을 대량적으로 판매하는 것에 비하여 환자막팔기는 환자시세를 인공적으로 낮추고 수출상품 가격을 그만큼 낮춤으로써 자기나라 자본가들에게 상품수출의 유리한 조건을 조성해주는 정책으로 평가인하를 할 때 외화표시 상품의 가격이 떨어져서 생기는 가격편차를 막팔기(투매)에 리용하여 상품값을 눅게 실현하는 것으로 상품막팔기(투매)와는 구별된다.

[출처] 경제사전 2 (사회과학출판사 1985) p614~615,
재정금융사전 (사회과학출판사 1995) p1293~1294

남 ▸▸ 고정환율[1] 제도하에서 정책적 목적 달성을 위하여 외환당국이 자국통화의 대외가치를 낮추는 정책으로 환율을 일시에 하향 조정하는 것을 말한다. 변동환율[2]제도하에서의 외환시장이 외환에 대한 수요와 공급의 변동성 때문에 자국통화의 가치가 내려가는 절하(Depreciation)되는 것과는 구분되는 개념이라고 할 수 있다. 따라서 평가절하는 곧 환율 상승과 달러가치 상승을 의미하기도 한다.

한 나라의 대외적 통화가치가 하락하게 되어 평가절하(환율인상)가 되면 당연히 그 나라 통화의 대외구매력은 줄어들게 되고 수출상품의 외화표시 가격도 당연히 내려가게 된다. 그러므로 평가절하가 되면 수출은 증가되는 반면 상대적으로 수입품의 가격은 인상되기 때문에 자국의 경기는 인플레이션 상태가 될 가능성이 높아진다. 반대로 환율을 내리면 자국 화폐 가치가 올라가는데 이를 평가절상(Revaluation)이라고 한다. 결론적으로 환율상승 = 원화가치 하락 = 원화 평가절하 = 달러가치 상승 이라는 공식이 성립된다.

[출처] 금융실무대사전 I (한국금융연수원 2006) p805,
금융실무대사전 II (한국금융연수원 2006) p1116

1) 환율 변동을 전혀 인정하지 않거나 그 변동 폭을 극히 제한하는 환율제도로서 환율이 안정적으로 유지됨에 따라 경제활동의 안정성이 보장되어 대외거래를 촉진시키는 장점이 있으나 환율변동에 의한 국제수지의 조정이 불가능함에 따라 대외부문의 충격이 물가불안 등 국내경제를 불안하게 하는 단점도 있다. [출처] 금융실무대사전V(한국금융연수원 2006) p66

2) 환율 변동을 전혀 인정하지 않거나 그 변동 폭을 극히 제한하는 환율제도인 고정환율제도와는 달리 외환의 수급상황에 따라 자유로이 환율을 변동시키는 제도를 말한다. 변동환율제도에는 변동 폭을 전혀 규제하지 않는 자유변동환율제도와 일정한 범위 내에서만 환율변동을 허용하는 제한적 변동환율제도로 구분된다. 또한 중앙은행의 외환시장 개입 여부에 따라, 개입이 가능한 더티플로트(Dirty Float)와 환율변동을 완전히 방임하는 클린플로트(Clean Float)로 구분 할 수 있다. 변동환율제도는 환율이 외환시장의 수급을 반영하여 융통성 있게 변동할 수 있다는 장점이 있으나 투기적 목적의 외환거래 가능성이 있을 때 환율이 불안정해지는 단점이 있다. [출처] 금융실무대사전V(한국금융연수원 2006) p373

15 환자시세(환률, 외국환자시세) ⇔ 환율

북 ▸▸ 다른 나라의 화폐단위로 표현된 한 나라 화폐단위의 가격으로 한나라의 화폐단위와 다른 나라 화폐단위 사이의 현실적 교환비률로서 이 교환비률은 환자시세를 통하여 나타난다. 외환시세, 외환교환비률, 환률이라고도 한다.

[출처] 경제사전 2 (사회과학출판사 1985) p615,
재정금융사전 (사회과학출판사 1995) p1289, 1428

남 ▸▸ 한 나라의 화폐와 외국 화폐와의 교환 비율을 '환율'이라고 하고, 환율은 각 나라의 경제사정 및 국제 경제의 흐름에 따라 매일 조금씩 수시로 바뀌어 질 수 있다.

16 환자전 ⇔ 환율전쟁(통화전쟁)

북 ▸▸ 합리적이고 합당한 수출상품가격을 위해 환자시세를 고정시키지 않고 인위적으로 호상간 낮추는 방법으로 상품수출에 유리한 조건을 조성함으로써 대외상품시장을 쟁탈하려는 국가들 사이의 환자경쟁을 말한다.

[출처] 재정금융사전 (사회과학출판사 1995) p1289~1290

남 ▸▸ 각 나라들끼리 수출 경쟁력을 유지 또는 높이기 위해서 경쟁적으로 외환시장에 인위적인 개입을 통하여 자국의 통화를 약세로 유지하는 정책 즉 통화가치를 하락(평가절하:Devaluation)시키는 정책을 펼치는 것을 말한다.

[출처] 네이버지식백과 (2018.7.5 인터넷 검색)

17 환자중개인 ⇔ 외환중개인(외환딜러)

북 ▸▸ 환자거래의 중개업을 환자시장에서 전문적으로 수행하는 환자거래업을 하는 사람을 말하는데 환자은행들 사이, 환자은행과 업자들(수출입 무역상, 해운업자, 보험업자, 신탁업자, 증권업자 등)사이에 끼여들어 환자시장에서 환자거래가 원활하도록 중개역할을 하는 업자를 환자중개인이라고 한다.

환자중개인은 자기자본을 쓰지 않고 환자를 중개한 거래의 결과에 대하여서도 책임지지 않으며 오로지 환자거래의 중개만을 하고 그 중개수수료를 받는 데 있다. 환자중개인은 환자거래의 중개를 통하여 얻은 수수료를 그 기본수입으로 한다.

[출처] 재정금융사전 (사회과학출판사 1995) p1290~1291

남 ▸▸ 외환시장의 참가자로서 은행들이 제시하는 매입 또는 매도내역을 다른 은행에 알려주고 매입 매도사이에서 거래를 연계시켜 매매가 이루어지도록 한 후 관련 수수료를 받는 중개인을 말한다.

외환시장의 추이를 분석하고, 외환의 현물·선물을 매매하는 업무를 수행하는 이를 말하기도 하는데, 쉽게 얘기하면 외환중개인은 외환시장에서 외환의 가격이 올라갈 것 같으면 사거나 가지고 있고, 내려갈 것 같으면 자신이 가지고 있는 외환을 팔아 차익을 얻기 위하여 외환매매 거래를 대행해 주는 사람이다.

또한 이들은 단기매매(분 혹은 초 단위)를 통한 시세차익을 목표로 외환시장에 적극적으로 참여해 외환의 수요와 공급을 담당하는 사람을 의미하기도 한다.

외환중개인은 은행 간(Inter-Bank) 중개인(딜러)과 대고객(Corporate) 중개인(딜러)으로 구분되는데 일반적으로 알고 있는 외환중개인은 은행 간 중개인이라고 할 수 있다. 또한 대고객 중개인은 수출입 등 외환매매 수요가 있는 기업이나 외환시장에 직접 참여할 수 없는 금융기관을 대상으로 외환거래를 수행하는 사람을 의미한다.

[출처] 금융실무대사전 II (한국금융연수원 2006) p735~736

18 회전신용장 ⇔ 회전거래신용(순환신용장, 리볼링거래)

북 ▸▸ 신용장을 매개로하여 대금이 지불되여도 그 지불된 금액이 신용장의 유효기간 안에서는 갱신되어 처음의 배정받은 한도액을 그대로 보존하는 조건의 신용장으로 순환신용장이라고 한다.

회전신용장에 근거하여 환자수형 대금이 지불될 때마다 자동적으로 처음 한도가 회복되는 회전신용장을 비누적회전신용장이라 하고, 신용장에 근거하여 지불된 금액을 전부 합쳐서 회전한도를 갱신하는 회전신용장을 누적회전신용장이라고 말한다. 또한 회전신용장과는 달리 신용장 한도금액의 갱신을 보장해주지 않는 신용장을 비회전신용장이라고 말한다.

[출처] 재정금융사전 (사회과학출판사 1995) p1252

남 ▸▸ 은행이 기업과 사전에 협의를 통하여 대출 또는 수입 신용장개설 등에 특정조건을 부여하고, 이들 금융이 만기에 소멸되면 특정기간 동안에는 별도의 승인 없이 같은 금액과 같은 조건의 신규금융을 연속적으로 공여하는 방식이다.

이는 같은 종류의 상품에 대하여 매매당사자 간에 거래가 계속적으로 이루어질 경우에 거래할 때마다 새로운 신용장을 개설하자면 업무적으로 불편할 뿐 아니라 부대비용도 많이 소요되며, 또한 일련의 거래에 대하여 포괄적으로 거액의 신용장을 개설하자면 많은 보증금이 소요되기 때문에 신용장을 이용하는 기업(채무자)은 많은 불편과 곤란을 겪게 될 수밖에 없을 것이다.

따라서 이러한 부대비용과 업무적인 불편함을 줄이기 위하여 일정 기간 동안에는 신용장의 금액이 신규로 개설되어 자동적으로 되살아나 반복해서 같은 종류의 거래가 이루어질 수 있도록 마련된 신용장을 회전신용장이라고 한다.

신용장이나 지급보증서 방식은 무역거래시에 주로 이용되고, 그 이외에는 리볼빙 거래나, 회전거래신용방식에는 의류, 소형 가구, 음식점 및 항공권 등과 같은 소규모 품목을 구입하거나 비용을 지출하기 위해서 회전거래 신용을 이용하는데, 신용카드, 당좌대출 및 모기지 등의 형태로 이용되어지고 있다.

[출처] 금융실무대사전 I (한국금융연수원 2006) p869,
금융실무대사전 II (한국금융연수원 2006) p320~321, 1197,
금융실무대사전 V (한국금융연수원 2006) p1025

05

보험

간략생명표 ⇔ 간이생명표

년금보험 ⇔ 연금보험

년로년금 ⇔ 노령연금

대외보험(국제보험) ⇔ 해외보험

방카슈랑스(Bancassurance)

보험위부 ⇔ 위부

손해보험 ⇔ 손해보험

원보험 ⇔ 원계약보험

인체보험 ⇔ 생명보험

짐함보험 ⇔ 운송보험(화물보험)

피보험자 ⇔ 피보험자

호상성교환 ⇔ 재보험

05 보험

1 간략생명표 ⇔ 간이생명표

북 ▸▸ 태어난 출생 시기가 서로 다른 집단의 평균수명을 구할 경우에 현재의 매 나이의 사망률을 앞으로 매 세대의 사망률로 본 전제 밑에서 평균수명을 구하는 것을 말한다.

[출처] 통계청 홈페이지 북한통계 (2018.7.4 인터넷 검색)

남 ▸▸ 인구조사는 몇 년의 간격을 두고 행해지고 있으며, 그 결과의 정리에도 많은 시간이 소요되므로 완전생명표로서의 국민사망표는 최신의 사망 변화를 정확하게 산출할 수가 없다. 따라서 매년 실시되는 인구동태 통계의 사망수를 분자로 하고 최근의 인구조사에서 얻어지는 확정된 인구 숫자를 분모로 하여 얻어지는 결과인 생명표를 근사치로 작성한 것을 간이생명표라 말한다.

[출처] 생명보험협회 홈페이지 (2018.7.4 인터넷 검색)

2 녈금보험 ⇔ 연금보험

북 ▸▸ 사람들이 녈로하여 직업을 잃었을 때 앞으로 생활을 유지하는 데 필요한 최소한의 생계자금을 마련하기 위한 보험을 말한다.

[출처] 재정금융사전 (사회과학출판사 1995) p332~333

남 ▸▸ 퇴직 이후 등 노후에 안정적인 경제생활 보장을 위하여 피보험자의 종신(죽을 때 까지) 동안 또는 일정 기간동안 해마다 일정액씩 정기적으로 일정한 연금을 지급하는 생명 보험으로 직장생활 또는 사업이나 장사를 하는 근로기간 중 수입이 발생하는 동안에 가입하여 일정 기간이나 일정 연령에 도달하게 되면 정기적 연금형태로 지급받는 보험을 말한다.

[출처] 네이버지식백과 (2018.7.4 인터넷 검색)

3 년로년금 ⇔ 노령연금

북 ▸▸ 일정한 근로 로동년한을 가진 근로자들이 사회와 집단을 위하여 일해 오다가 년로하고 나이가 많아서 휴식하거나 일할 수 없게 되였을 때 그들의 생활을 보장해주기 위하여 국가가 주는 사회보장년금 또는 생활보조금으로 국가사회 보장에 의한 물질적 보장의 한 형태로서 년로생활보조금이라고도 말한다.

[출처] 경제사전 1 (사회과학출판사 1985) p360,
재정금융사전 (사회과학출판사 1995) p333

남 ▸▸ 국민연금의 기초가 되는 급여로 국민연금 가입자가 나이가 들어 소득활동에 종사하지 못할 경우 생활안정과 복지증진을 위하여 지급되는 급여로써 가입 기간(연금보험료 납부기간)이 10년 이상이면 60세("소득이 있는 업무"에 종사하지 않는 경우 55세) 이후부터 평생 동안 매월 지급받을 수 있는 연금을 말한다.

노령연금은 가입 기간, 연령, 소득활동 유무에 따라 노령연금, 조기노령연금이 있으며, 이혼한 배우자에게 지급될 수 있는 분할연금이 있고, 최근에는 출생연도에 따라서 연금을 지급받는 시기가 다르게 적용되고 있다.

[출처] 국민연금 홈페이지 연금정보 (2018.7.4 인터넷 검색)

4 대외보험(국제보험) ⇔ 해외보험

북 ▸▸ 대외 무역을 비롯한 대외 경제 거래과정에 불가피하게 있을수 있는 자연재해, 불상사고 등과 관련한 재산손해나 생명피해의 위험을 담보로 하여 보험료를 받아들이고 발생된 손해를 보상하여 주는 국제적인 보상거래를 말한다.

[출처] 재정금융사전 (사회과학출판사 1995) p184, 413

남 ▸▸ 무역거래나 해외투자 및 해외여행중 발생할 수 있는 사고나 손실 등을 보상받기 위하여 사전에 가입하는 포괄적인 의미의 보험을 말하는데 국내보험사 또는 외국보험사에 가입할 수 있으며, 국내보험사가 계약한 보험을 외국계 보험사에 재가입하는 재보험 등도 포함 된다고 할 수 있다.

[출처] 네이버사전 (2018.7.4 인터넷 검색)

5 방카슈랑스(Bancassurance)

남 ▸▸ 방카슈랑스는 은행(Bank)과 보험(Assurance)을 결합한 프랑스 합성어로서 일반적으로 좁은 의미로는 은행 판매망을 이용하여 은행 고객들에게 보험상품 및 관련 서비스를 판매하는 것을 의미하고 넓은 의미로는 은행과 보험사의 업무제휴 전반을 지칭하는 것으로 은행이나 보험사가 다른 금융부문의 판매채널을 이용해 자사 상품을 판매하는 마케팅 전략의 일환이다.

남한의 경우 방카슈랑스를 은행 등의 금융기관이 보험회사의 대리점 또는 중개사 자격으로 보험상품을 판매하는 제도로 한정함에 따라 좁은 의미로 정의되고 있다.

방카슈랑스는 1986년 프랑스 아그리콜은행이 프레디카 생명보험사를 자회사로 설립하여 은행창구에서 보험상품을 판매하면서부터 이후 금융업종 간 경계가 느슨한 영국, 독일, 네델란드 등 유럽지역에서 유행하다가 전 세계로 확산되었다.

남한에서는 1997년 2월 주택은행과 한국생명이 방카슈랑스 상품의 효시인 "단체신용 생명보험"을 내놓았고 그 후 2003년 8월에 제도화되어 본격적으로 도입되었다. 현재 은행에서 판매하고 있는 방카슈랑스 상품은 보험회사에서 판매하는 순수보험 상품에 비해 은행의 예금성격이 가미되어 있는 복합보험 상품의 판매가 많이 거래되고 있다.

[출처] 금융실무대사전 I (한국금융연수원 2006) p246~247,
금융실무대사전 II (한국금융연수원 2006) p378,
네이버지식백과 (2018.7.22 인터넷 검색)

주 북한에서는 대응되는 용어와 동일한 의미를 갖는 내용이 없어서 남한부분만 정리하였음.

6 보험위부 ⇔ 위부

북 ▸▸ 해상보험에서 추정전손이 발생한 경우에만 있는 것으로 피보험자가 보험기관으로부터 보험금액의 전액을 보상받기 위해서 이미 발생한 손해를 전부손해로 처리하는 행위를 말한다.

또한 보험위부가 이루어지는 시기는 보험사고가 발생한 때가 아니라 피보험자로부터 보험자에게로 보험대상에 대한 권한의 이전이 선행되고 보험자가 보험금액의 전부를 보상금으로 지불하였을 때를 말한다.

[출처] 재정금융사전 (사회과학출판사 1995) p588~589

남 ▸▸ 해상보험의 피보험자가 보험목적물의 전손(全損) 여부가 분명하지 않은 경우에 보험의 목적물이 전부 멸실한 것과 동일시 할 수 있는 일정한 경우로 판단, 즉 추정전손으로 판단하고 피보험자에게 보험금의 전액을 청구하여 지급받을 수 있게 하고 피보험자가 가졌던 보험의 목적물에 대한 권리를 보험자에게 이전하여 보험자가 취득하게 하는 제도를 말한다.

이는 피보험자가 전손을 증명하거나 손해액을 산정하는 어려움을 덜어주고 손해에 대해 조기보상을 받도록 하는 제도이다.

[출처] 금융실무대사전 II (한국금융연수원 2006) p747

7 손해보험 ⇔ 손해보험

북 ▸▸ 현실적으로 발생되는 손해에 대하여 보상할 것을 목적으로 하는 보험으로서, 이러한 보험은 보험자가 자연재해나 뜻하지 않은 사고로 보험대상에서 발생될 수 있는 손해를 보상할 것을 약속하고 보험대상의 손해가 발생한 경우 보험계약자는 이에 응하여 보험된 대상에 대한 보험금을 지불하는 형태의 보험을 말한다.

[출처] 재정금융사전 (사회과학출판사 1995) p743

남 ▸▸ 손해보험은 '손해를 복구해 주는 보험'이라는 내용의 줄인 말로서 손해보험은 우연한 사고를 보험사고로 하여 보험사고 발생의 객체가 주로 피보험자의 재산임에 반하여 피보험자의 생명 혹은 신체에 있는 생명보험과는 차이가 있다.

손해보험이 지니는 특성에는 실손 보상의 원칙(이득금지의 원칙)에 의거 실제로 입은 만큼의 손해를 보상하고 있기 때문에 피보험자는 입은 손해의 크기만큼만 보상을 받는 것이고, 손해의 크기와 관계없이 보험금 지급대상의 손해가 발생했을 경우 그 손해에 대하여 전부를 보상하여 정액을 지급하는 생명보험과는 차이가 있다.

[출처] 금융실무대사전 II (한국금융연수원 2006) p594

8 원보험 ⇔ 원계약보험

북 ▸▸ 원보험은 재보험과 직접보험의 호상관계에서 리용되는 표현으로 재보험의 기초를 이루는 직접보험을 말한다. 그러므로 보험기관이 자기가 직접 담보한 위험을 재보험으로 담보하지 않을 때는 원보험이란 표현을 리용하지 않고 직접보험이 재보험의 기초가 될 때에만 원보험이라고 표현한다.

재보험은 원보험의 큰 손해를 공동으로 부담하여 원보험자의 경영활동에서 안정성을 보장하는 보험관계로서 재보험의 조건들은 원보험조건에 준한다고 할 수 있다. 따라서 재보험의 기초로 되는 직접보험에서의 보험조건을 원보험조건, 보험기간을 원보험기간, 보험대상을 원보험대상 이라는 표현을 사용하기도 한다.

[출처] 재정금융사전 (사회과학출판사 1995) p1462

남 ▸▸ 재보험에 대한 최초의 보험으로서 재보험과 상대적인 개념으로 특정 보험자가 인수한 보험계약상 책임의 전부 또는 일부를 다시 다른 보험자가 그 보험을 인수하는 경우가 있는데, 이때에 나중에 인수 체결된 보험을 재보험이라 하고, 당초 최초의 보험을 원계약보험이라고 한다.

외견상으로는 원계약보험의 보험자가 인수하는 경제적인 위험을 재보험의 보험자에게 분담시키는 것과 같이 보이지만, 법적으로는 각각 독립적인 보험이라고 할 수 있다. 또한 원계약보험은 재보험계약에 대하여 처음의 특정 보험계약을 말하는데 원계약보험 또는 원수보험이라고도 말한다.

[출처] 경제용어사전 (더난출판 2010) p597,
금융실무대사전 I (한국금융연수원 2006) p520,
네이버지식백과 (2018.7.9 인터넷 검색)

9 인체보험 ⇔ 생명보험

북 ▶▶ 사람을 대상으로 하여 사람의 신체에 미치는 여러 가지 위험을 담보하는 보험으로서 인체보험은 보험에 든 사람이 로동과 생활과정에 자연재해와 뜻밖의 불상사고로 로동 능력을 잃었거나 사망하는 인명피해를 보상하기 위한 자금을 미리 형성하고 리용하여 보험금을 지불하는 보험을 말한다.

[출처] 경제사전 2 (사회과학출판사 1985) p691~692,
재정금융사전 (사회과학출판사 1995) p1392

남 ▶▶ 사람의 사망 또는 일정한 연령까지의 생존 시 약정한 보험금을 지급하는 보험을 말하며, 인보험(人保險)의 대표적인 것으로 보험자가 보험계약자 또는 제3자의 생사에 관하여 일정한 금액(보험금액)을 지급할 것을 약정하는 보험으로 이는 보험계약자의 노후의 생활비, 사망 후 유가족의 생활보호를 위한 자금 등을 마련하기 위해 이용된다.

[출처] 경제용어사전 (더난출판 2009) p439

10 짐함보험 ⇔ 운송보험(화물보험)

북 ▸▸ 자연재해나 뜻하지 않은 위험이 짐함에 미치는 경우에 담보하고 그에 생긴 손해를 보상하는 보험을 말한다. 짐함보험에서 피보험자는 짐함을 소유하고 있는 회사나 기관이고, 사용 중에 있는 각종 형태의 짐함은 짐함보험의 대상이 된다. 상품포장과 짐함은 속상품을 보호하고 수송에서 편의를 보장해준다는 것은 동일한 성격을 가진 사명이라고 할 수 있다.

[출처] 재정금융사전 (사회과학출판사 1995) p1047

남 ▸▸ 짐함 의미는 일반적으로 컨테이너를 말하는 것으로 물품을 컨테이너를 이용 또는 다른 포장이나 보관방법을 이용하여 운송물을 운송하는 동안 사고로 인하여 운송되는 화물에 생기는 손해를 보상하기 위한 손해보험을 말하는데, 운송보험은 육상, 해상, 항공운송보험까지도 포함하고 있으나, 상법상 물건운송은 육상 및 항만에서의 물건운송으로 국한하고 있다.

해상운송의 화물인 경우에는 해상보험(적하보험)으로, 항공운송인 경우에는 항공운송보험으로 가입해야 한다. 특히 운송중의 여객은 운송목적은 될 수 있으나, 운송보험의 대상은 될 수가 없으므로 여객의 생명이나 신체 등이 운송 중에 사고가 발생한다면 이는 운송보험이 아닌 인보험 즉 생명보험에 속한다고 할 수 있다.

[출처] 금융실무대사전 I (한국금융연수원 2006) p517

11 피보험자 ⇔ 피보험자

북 ▸▸ 보험대상에 손해가 발생하였을 때 피보험 리익의 담당자로서 보험기관으로부터 손해보상을 받을 수 있는 권리를 가진 당사자를 말한다.

[출처] 재정금융사전 (사회과학출판사 1995) p1192~1193

남 ▸▸ 보험 가입 후 사고가 발생하는 경우 보상을 받을 수 있는 사람으로서 보험금의 지급은 계약자의 사고 유무가 아니라 피보험자의 사고 유무에 따라 결정된다. 따라서 계약자와 피보험자가 다를 경우에는 계약자한테 사고가 나더라도 보험금을 지급하지 않는다.

[출처] 금융실무대사전 I (한국금융연수원 2006) p823~824

12 호상성교환 ⇔ 재보험

북 ▸▸ 보험기관들 사이에 이루어지는 재보험거래 방법으로 보험기관은 자기가 담보한 직접보험 위험을 분산시키기 위하여 재보험을 조직하여 다른 보험기관에 분양하는 동시에 다른 보험기관이 조직한 재보험을 접수하게 되는데, 이렇게 보험기관들 사이에 재보험을 서로 주고받는 것을 호상성교환 이라고 말한다.

호상성교환을 통하여 이루어지는 재보험은 보험기관이 재보험을 조직하여 일정한 금액의 재 보험료를 지출함으로써 손해가 발생하는 경우에는 그 재보험을 통하여 입은 손해를 회복하자는 데 있으며, 보험기관이 재보험을 접수하는 목적은 재보험을 담보하는 대가로 일정한 금액의 분양재보험을 통하여 지출된 재보험료를 보충하자는 데 있다.

[출처] 재정금융사전 (사회과학출판사 1995) p1239

남 ▸▸ 보험계약자와 특정보험회사가 보험을 최초로 체결한 보험회사인 원수보험회사가 인수한 보험계약의 일부 또는 전부를 다른 보험사인 재보험회사에 다시 넘겨 보험을 가입함으로써 위험을 넘기는 것을 말한다.

특정보험사(원수보험회사)와 가입자 간 1차 계약을 원계약보험이라 하고, 특정보험회사가 보험계약상 책임의 일부를 재보험계약을 통하여 다른 보험자에게 인수시켜 재보험에 가입하는 것을 출재(出再)라 하며, 반대로 다른 보험회사의 보상책임을 인수하는 재보험거래를 수재(受再)라고 한다. 재보험은 통상 원보험 계약의 가입금액이 워낙 커서 특정 보험사가 독자적으로 책임지기 어려울 때에 이루어지고 있다.

[출처] 경제용어사전 (더난출판 2010) p683,
금융실무대사전 II (한국금융연수원 2006) p855,
네이버지식백과 (2018.7.8 인터넷 검색)

06

증권

마감시세(폐장시세) ⇔ 종가(終價)

제꼬리 배당 ⇔ 문어발 배당

주금 ⇔ 자본금

증권취인소(주권취인소) ⇔ 증권거래소

참여제도 ⇔ 기업인수·합병(M&A : Merger & Acquisition)

채권교환거래(현선거래) ⇔ 환매조건부채권매매

처음시세(개장시세) ⇔ 시가(始價)

청색주식 ⇔ 우량주식

후배주 ⇔ 후취주(열후주)

Fund(펀드)

MMF(Money Market Fund)

06 증권

1 마감시세(폐장시세) ⇔ 종가(終價)

북 ▸▸ 환자시장, 증권시장 등에서 하루거래가 끝날 때 발표되는 시세를 말하는데, 폐장시세라고도 한다. 폐장시세는 하루거래를 시작할 때 리용되는 처음시세와 상반되는 개념이다.

[출처] 재정금융사전 (사회과학출판사 1995) p1194

남 ▸▸ 외환시장 또는 증권거래소의 거래에 있어 '종가(終價)'란 마지막으로 체결된 가격을 말한다. 종가는 그날의 대표시세가 되어 그 다음날의 기준가격이 된다.

[출처] 금융실무대사전Ⅴ(한국금융연수원 2006) p800

2 제꼬리 배당 ⇔ 문어발 배당

북 ▸▸ 기업 활동을 통하여 조성된 리윤에 관계없이 주식시세를 유지하기 위하여 주식회사 재산(가상적 리익, 자본준비금)으로 주주들에게 배당하는 것을 말하는데, 문어가 먹을 것이 없으면 자기다리를 짤라먹는다는 말을 리익을 조성하지 못한 주식회사가 자기재산을 짤라 배당하는 처사에 비겨 나온 데서 생겨난 용어이다.

[출처] 재정금융사전 (사회과학출판사 1995) p1113 ~1114

남 ▸▸ 회사의 경영이 사실상 결손이어서 배당을 할 이익을 남기지 못했으면서도 자산처분이나 재평가차익 등으로 어쩔 수 없이 배당을 하게 되는 경우로 장부를 조작하여 주주에게 이익을 배당하는 일로서, 기업의 자본을 좀먹는다는 뜻에서 나온 말이다. 또한 자기 자산을 잠식하여 배당하므로 제 꼬리를 잘라 먹는 것에 비유하여 제꼬리 배당이라고도 한다.

[출처] 경제용어사전 (더난출판 2010) p706,
금융실무대사전 I (한국금융연수원 2006) p247

3 주금 ⇔ 자본금

북 ▸▸ 주식형태의 기업체 운영을 위한 기금을 마련하기 위하여 주주들이 내는 출자금으로 회사설립의 경우 주권을 발행하고 출자한 주금을 기본으로 하여 창립기금을 마련할 때 사용하는 자금이다.

[출처] 재정금융사전 (사회과학출판사 1995) p971

남 ▸▸ 채권자 보호의 관점에서 회사의 자산을 사내에 유보시키는 최소한도를 가리키는 것으로 보통 납입자본금을 말하는 것이며 회사가 보유하여야 할 순재산액의 총액이다. 회사에 대하여는 성립의 기초가 되고 존속 중 자본충실을 위해 순재산을 유지해야 할 규범적 기준이 된다.

회사 설립시에 생기는 자본금은 실제로 발행된 주식을 가지고 계산한다. 즉, 액면주식에 1주당 액면금액을 곱한 주금총액에 의해 자본금이 구성된다.

설립시의 자본금은 신주발행, 법정준비금의 자본전입, 주식배당, 전환사채의 전환 등에 의해 증가하고 주식의 소각, 병합 등에 의한 주식수의 감소 등에 의해 줄어들기도 한다.

자본금은 회사를 둘러싼 이해관계인들에게 중요한 의미를 가지므로 자본확정의 원칙, 자본유지의 원칙, 자본불변의 원칙이 요구되고 있다.

[출처] 경제용어사전 (더난출판 2010) p664~665,
금융실무대사전 I (한국금융연수원 2006) p598~599,
네이버지식백과 (2018.7.22 인터넷 검색)

4 증권취인소(주권취인소) ⇔ 증권거래소

북 ▸▸ 증권취인소에서는 리익배당금이 붙는 주식과 리자가 붙는 사채와 공채의 매매가 진행되는 투기시장으로 증권취인소의 본질적 특징은 의제자본[1] 시장이라는 데 있다.

증권취인소에서는 주식과 채권을 무턱대고 거래하는 것이 아니라 일정한 조건을 갖춤으로써 거래자격을 부여받은 증권만 거래한다. 이와 같이 법적으로 규제화된 데 대하여 정해진 장소에서 유가증권의 거래를 공개적으로 진행하는 시장을 말한다.

[출처] 경제사전 2 (사회과학출판사 1985) p435~436,
남북통일말사전 (두산동아 2006) p270,
재정금융사전 (사회과학출판사 1995) p999~1000

남 ▸▸ 대량의 증권을 공정한 가격으로 원활하게 매매시키기 위해 구체적인 조직과 장소를 구비한 시장으로서 유통시장의 중심적인 위치를 차지하고 있는 장소를 말한다.

[출처] 네이버지식백과 (2018.7.5 인터넷 검색)

증권

1) 의제자본은 회계 편에 자세하게 설명되었음.

5 참여제도 ⇔ 기업인수·합병(M&A : Merger & Acquisition)

북 ▸▸ 금융자본가들이 주식회사의 통제주를 연이어 장악하는 방법으로 수많은 회사들을 지배하는 제도로서 한 회사가 다른회사가 발행한 주식의 일정한 비율을 장악함으로써 그 기업을 지배하는 데 리용되는 제도이다.

대 자본가 또는 자본가 집단이 큰 주식회사의 통제주를 장악하고 그 회사의 자본을 리용하여 다시 또 다른 주식회사의 통제주를 지배하는 방식으로 보다 더 큰 사회적 자본을 장악 통제하는 것이다. 예를들어 참여제도에 의한 지배는 금융자본가들이 주식회사(어미회사)의 통제주를 틀어쥔 데 기초하여 어미회사의 자본으로 다른 회사들(딸회사)의 통제주를 틀어쥐고 또 다시 딸회사의 자본으로 손자회사들의 통제주를 틀어쥐는 방식으로 진행된다.

다시 말하여 참여제도에 의한 지배는 새끼회사(자회사)의 통제주를 틀어쥔 금융자본가가 연이어 딸회사, 손자회사의 통제주를 틀어쥐는 방식으로 이루어지는데 참가제도라고도 말한다.

[출처] 경제사전 2 (사회과학출판사 1985) p486,
재정금융사전 (사회과학출판사 1995) p1120

남 ▸▸ M&A는 일반적으로 기업인수·합병이라고 하는데 다른 회사의 경영권을 확보하기 위해 기업을 사들이거나 합병하는 것을 말한다. 기업합병(Merger)과 한 기업이 다른 하나의 자산 또는 주식의 취득을 통해 경영권을 획득하는 기업인수(Acquisition)가 결합된 개념이다. 따라서 M&A는 기본적으로 주식 확보를 통해 이뤄지는데 주식 확보의 가장 손쉬운 방법은 기존 대주주가 가진 주식을 사들이는 방법이 있다.

M&A에는 거래 성격에 따라 목표 기업의 경영층과 합의에 따라 이뤄지는 우호적 M&A와 그 반대로 경영층이 반대하는 가운데 주주들을 대상으로 일어나는 적대적 M&A로 나눌 수 있다.

특히 대주주의 지분 인수가 여의치 않을 때는 공개매수방식(TOB)을 이용할 수가 있다. 이는 언제 얼마에 몇 주를 사겠다고 공식적 알려놓고 인수하려는 기업의 소액주주들이 가지고 있는 주식을 끌어 모으는 방법이다. 물론 공개리에 진행하다보니 기존 대주주도 이에 맞서서 공개매수에 나설 수도 있다. 그밖에 전환사채(CB)를 인수하거나 제3자 배정방식의 증자에 참여하여 주식을 확보하는 것도 하나의 방법이다.

합병에는 기존회사가 다른 회사에 합쳐진 뒤 없어지는 것을 흡수합병이라 하고, 합병 후 새로운 기업으로 바뀌는 방식을 신설합병이라고 한다.

흔히 M&A를 약육강식의 기업쟁탈전으로 보는 경향이 있으나 M&A가 활발한 선진국들을 보면 M&A 이전에 반드시 기존 대주주가 대비토록 하여 기관투자자의 의결권을 제한하는 등 일정한 게임규칙까지도 마련돼 있다.

국내 M&A는 부실기업 인수와 그룹 계열사간의 합병이 대부분이지만, 해외 M&A는 신기술 습득, 해외 유통망 확대 등 기업의 국제화 전략 방법의 하나로 활용되고 있다.

[출처] 경제용어사전 (더난출판 2010) p997

6 채권교환거래(현선거래) ⇔ 환매조건부채권매매

북 ▸▸ 채권거래의 하나의 형태로서 앞으로 채권을 팔거나 도로 살 것을 약속한 조건에서 진행하는 채권거래로서 도로 팔기 조건부의 채권구입은 사기현선, 도로 사기 조건부의 채권매각은 팔기현선이라고도 한다.

이와 같은 거래는 조건부매매라고도 하는데 채권의 시세는 끊임없이 변동되는데 앞으로 시세가 떨어질 것이 예견될 때에는 현재 보유하고 있는 채권을 값이 떨어지기 전에 팔고 나중에 떨어졌을 때 눅게 사면 그만큼 리익편차를 얻게 될 것이다.

채권소유자는 채권을 팔고 일정한 기간 이후에 예약형태로 도로 사는 거래를 별개로 동시에 진행할 수 있다. 반대로 앞으로 채권가격이 등귀될 것이 예견될 때에는 도로 사기와는 반대로 현물형태로 사고 예약형태로 파는 거래를 진행할 수 있다.

이러한 거래가 한쌍의 거래자 사이에 동시에 맞물려(조건부로)진행될 때 교환거래와 같은 채권현선거래가 성립되는 것이다.

[출처] 재정금융사전 (사회과학출판사 1995) p1138, 1218

남 ▸▸ 특정한 유가증권을 특정기간이 경과한 후에 특정한 금액으로 환매수 한다는 조건으로 매도하거나 또는 환매도할 것을 조건으로 매수하는 단기자금 거래계약을 말한다.

자금시장에서는 단기자금 조달을 위하여 보유 유가증권을 매수자(자금대여자)가 국채나 회사채를 매도자(자금차입자)로부터 매수하고 일정기일이 경과 뒤에 일정한 가격으로 되파는, 즉 환매수하기로 약정하고 매도하는 거래를 Repo(환매 : RP거래)거래라고 한다.

이 거래는 보유증권을 담보로 제공하고 일정 기간 현금으로 운용한 이후에 만기에 원리금(원금+RP 이율에 의한 경과이자)을 지급하면 거래가 종료되는 것을 말한다.

이와는 반대로 자금운용을 위하여 유가증권을 일정기일 뒤에 매도할 것을 전제로 채권을 매수하는 거래를 Reverse Repo(재환매 : Repo 거래)거래라고 한다.

현재시점에서 해당채권을 보유자로부터 매입하고 향후 계약만기일에 같은 채권을 매도할 것을 전제로 동시에 계약하는 것을 말한다.

이와같은 거래에서의 채권매입자는 매입가격보다 높은 가격으로 채권을 재매도 하게 되므로 당초 매입과 재매도와의 그 차이로 발생하는 금액(이익)은 이자에 해당한다고 보기 때문에 대출(금융)을 제공하는 금융기관의 입장이라고 할 수 있다.

이렇게 환매, 재 환매의 조건을 달아서 매매하는 채권을 환매조건부채권이라고하며 이러한 계약이나 거래를 환매계약, 환매조건부채권 거래라고 한다.

[출처] 경제용어사전 (더난출판 2010) p913~914,
금융실무대사전V(한국금융연수원 2006) p1018~1019

7 처음시세(개장시세) ⇔ 시가(始價)

북 ▸▸ 환자시장, 증권시장 등에서 하루의 거래가 시작될 때에 제안되는 시세를 말하는데, 여는시세라고도 한다. 개장시세는 하루의 거래를 마감 지을 때에 리용되는 폐장시세와 대응되는 개념이다.

[출처] 재정금융사전 (사회과학출판사 1995) p299~300

남 ▸▸ 외환시장 또는 증권거래소의 거래에 있어 '시가(始價)'란 입회 시 즉, 시장이 처음 열리고 최초로 체결된 거래가격을 말하며, 거래가격의 기준이 되는 가격은 직전 거래 즉 전 영업일의 마지막으로 체결된 가격으로 '종가(終價)'가 된다. 현재가격 시세와는 다른 의미이다.

[출처] 네이버지식백과 (2018.7.4 인터넷 검색)

8 청색주식 ⇔ 우량주식

북 ▸▸ 경영상태가 좋고 리윤이 많이 나오며 장래전망도 좋은 주식회사의 주식을 말한다. 청색주식은 일정한 기간 경영상태가 좋고 회사의 재정수지 상태가 안정되고 주식배당금도 다른 주식회사들의 배당금에 비하여 높은 주식을 말한다.

[출처] 재정금융사전 (사회과학출판사 1995) p1126

남 ▸▸ 일반적으로 상당기간 동안 안정적인 업적으로 이익창출과 경영내용이 좋아서 배당지급률도 높게 해온 시가총액이 큰 대형 기업의 주식을 일컫는 말로 주가수준에 따라 고가우량주, 중견우량주, 품귀우량주 등으로 표현하고 있다.

통상적으로 수익력이 높고 재무내용이 좋으며, 경영능력이 우수한 사람이 경영을 맡고 있고, 같은 업계에서 유일한 지위를 갖고 있는 회사의 주식을 말하는데 또다른 표현으로는 블루칩이라고도 말한다.

[출처] 경제용어사전 (더난출판 2010) p590,
금융실무대사전 II (한국금융연수원 2006) p737~738

9 후배주 ⇔ 후취주(열후주)

북 ▸▸ 주식회사들에서 보통주보다 뒷 자리에 놓고서 회사가 해산될 때나, 리익배당금을 배분할 때에 마지막에 분배받는 주식으로서, 회사가 리익금 가운데 주주에게 분배하는 배당금 또는 회사가 해산될 때 나머지 재산을 어떻게 받는가에 따라서 보통주, 우선주, 후배주로 가른다.

후배주는 우선권이 부여되는 우선주 뿐 아니라 보통주보다도 뒷자리에 놓여있어서 리익배당금이나 나머지 재산의 분배를 제일 마지막 순위로 받게 되는 주식을 말한다.

[출처] 재정금융사전 (사회과학출판사 1995) p1241

남 ▸▸ 회사를 설립하는 경우에 발기인의 주식을 후배주로 하고, 일반주주를 보통주로 하여 일반주주에게 우선 배당을 함으로써 자금조달을 용이하게 하기 위하여 발행되는 주식으로 이익배당 또는 잔여재산 분배 등에 참가순위에 있어서 보통주보다 하위에 있는 주식으로 열후주 또는 후취주라고도 한다.

후취주에 대한 배당은 보통주에 일정률의 배당을 한 후에 배당하거나, 일정 기간 무배당으로 한 뒤에 배당을 하는 방식을 택하는데 보통 발기인 또는 기타 회사와 특별한 관계가 있는 관계인에 대한 공로주 내지는 발기인 보수성격의 주식으로서 발행되는 주식을 말한다.

[출처] 금융실무대사전Ⅴ(한국금융연수원 2006) p1026~1027,
네이버지식백과 (2018.7.8 인터넷 검색)

10 Fund(펀드)

남 ▸▸ 투자신탁 수익증권에 원하는 펀드(주식형, 채권형, 혼합형)에 투자하는 상품으로 자산의 운용은 자산운용회사(투자신탁자산운용회사)가, 상품판매는 은행, 증권회사, 보험회사가 취급하는 상품을 말한다. 일반적으로 가입대상의 제한은 없으나 연령별로 제한을 두는 경우도 간혹 있다.

상품은 정기예금과 같은 거치식펀드, 정기적금과 같은 정액적립식 또는 자유적립식 상품중 선택해서 가입할 수 있고, 가입금액의 1~2% 내외의 판매수수료가 있다.

가입시 선택한 주식이나 채권의 실적을 배당 받는 구조로 된 상품으로 기본적으로 제공하는 이자는 없으나, 금융환경 등의 변화에 따라 주가 상승 등으로 수익률이 좋으면 은행이자보다 훨씬 많은 수익을 받을 수 있는 장점도 있다. 반면에 주가가 하락하면 투자원금이 보장되지 않는다는 단점도 있다.

운용실적에 따라 원금손실이 발생할 수 있으므로 자산운용회사 및 담당 펀드매니저의 과거 운용실적과 투자전략, 투자설명서 등을 점검한 후 자신의 투자성향, 투자 기간 및 투자규모 등을 감안하여 자기에 적합한 펀드를 선택해야 한다. 또한 가입 후에도 펀드의 운용 내역을 수시로 확인하는 것이 바람직하다.

[출처] 경제용어사전 (더난출판 2010) p853,
금융실무대사전 I (한국금융연수원 2006) p637~638,
금융실무대사전 V (한국금융연수원 2006) p760,
네이버지식백과 (2018.7.23 인터넷 검색)

㈜ 북한에서는 대응되는 용어와 동일한 의미를 갖는 내용이 없어서 남한 부분만 정리하였음.

11 MMF(Money Market Fund)

남 ▸▸ 머니마켓펀드(MMF)란 단기금융상품에 집중 투자해 단기 실세금리의 등락이 펀드 수익률에 신속히 반영될 수 있도록 한 초단기공사채형 상품이다.

고객의 돈을 모아 주로 금리가 높은 CP(기업어음), CD(양도성예금증서), 콜자금 등 단기금융상품에 집중 투자하여 여기서 얻는 수익을 되돌려주는 실적배당상품이다.

고수익상품에 운용하기 때문에 다른 종류의 상품에 비하여 돌아오는 수익이 높은 것이 보통이다. MMF는 시중 금리의 변동에 큰 영향 없이 안정적인 수익 추구가 가능하고 환매(출금)수수료 없이 언제든지 환매(출금)가 가능하기 때문에 단기로 자금을 운용하는 투자자(예금주)에게 적합한 상품이다.

[출처] 금융실무대사전 Ⅰ (한국금융연수원 2006) p160

주 북한에서는 대응되는 용어와 동일한 의미를 갖는 내용이 없어서 남한 부분만 정리하였음.

07

카드

신용카드 ⇔ 신용카드

전자결제카드 ⇔ 체크카드

직불카드

북한의 카드 이용현황

발급주체에 따른 카드

사용가능지역에 따른 카드

고객별 이용 등급에 다른 카드

결제금액 시기에 따른 카드

교통카드

복지카드

정부 보조금 카드

카드별 특징

국내카드가맹점 평균수수료율

07 카드

본 장은 북한지역에서의 카드 업무는 아직 활성화 되어있지 않고, 실제로 운용되고 있는 카드 역시 다양하지 않으며, 또한 사전적 의미로도 정립되어 있는 부분이 많지 않아서 다른 장과 같이 남과 북의 용어를 상호비교 설명하기에는 한계성이 있으므로 남북한에서 설명되어진 신용카드에 대한 사전적 의미와 북한에서 이용되고 있거나 이용되었던 카드에 대한 설명 그리고 마지막으로 남한에서 사용되고 있는 카드에 대한 설명으로 정리 하였음.

1 신용카드 ⇔ 신용카드

북 ▸▸ 국제신용카드 기구의 성원은행 또는 성원 회사가 거래자의 지불능력을 담보하여 발행하는 신용증권을 말한다. 신용카드는 거래자의 예금을 받은 카드기구 성원은행 또는 회사가 카드소지자에게 현금 또는 봉사를 제공한 기관들이 대금을 청구하면 반드시 지불한다는 것을 담보하는 카드형식의 유가증권을 말한다.

신용카드를 가진 사람은 현금을 가지고 다니지 않아도 국제신용카드 기구에 망라된 세계 여러 나라 은행들에 그것을 제시하고 현금을 받을 수 있으며, 해당 나라의 상점과 식당, 철도와 비행장, 체신망 그 어디에서나 자유롭게 봉사를 받을 수 있다. 신용카드는 현금을 대신하여 리용되는 결제수단으로서 그 리용에서 편리하기 때문에 국내에서는 물론 국제적으로 널리 사용된다.

[출처] 재정금융사전 (사회과학출판사 1995) p808

남 ▸▸ 가맹점 확보 등 일정한 자격을 구비한 신용카드 업자가 카드신청인의 신용상태나 미래소득을 근거로 상품이나 용역을 신용으로 구매하거나 현금서비스(소액대출 형식), 카드론(카드관련 대출) 등의 대출을 받을 수 있도록 신용카드업자가 발행하는 지급수단을 말한다.

고객이 상품이나 서비스를 먼저 받고, 나중에 그 값을 고객의 예금계좌에서 자동적으로 갚게 하는 신용거래에서, 고객의 신분과 계좌를 확인해 주는 명함크기의 작은 플라스틱 조각을 말한다.

신용카드는 카드발행기관의 성격에 따라 은행계 카드와 비 은행계 카드로 구분되며, 비 은행계 카드는 다시 전문회사카드와 판매점카드로 나누어진다. 대부분의 은행계 및 전문신용카드회사는 국제적 서비스망을 갖춘 VISA, Master Card회사 등과 제휴하여 해외에서도 신용카드를 편리하게 사용할 수 있도록 하고 있다.

신용카드로 제공되는 서비스는 일반구매, 할부구매(대금을 분할해서 갚는 방식), 현금서비스, 카드론 등으로 구분되며, 각 카드사는 금융감독위원회가 정한 최고 범위 내에서 회원별로 한도를 설정하여 운용하고 있으며, 개인을 대상으로 발급해주는 개인신용카드, 회사나 기업에게 발급해주는 기업신용카드(법인카드)등 대상자별로 구분해서 발급해주고 있다.

[출처] 금융실무대사전Ⅱ(한국금융연수원 2006) p628~629,
금융실무대사전Ⅴ(한국금융연수원 2006) p550,
네이버지식백과 (2018.7.11 인터넷 검색)

2 전자결제카드 ⇔ 체크카드

북 ▸▸ 전자결제카드는 은행 업무에 전자계산기를 비롯한 현대적기술수단들을 광범히 하게 도입하여 그것을 보다 더 효과적으로 리용하여야 할 사회적 요구로부터 발생하게 되었다.

전자결제카드는 물품구입이나 봉사를 받고 그에 합당한 대금을 정산하고자 할 때 환치 등의 방식으로 자동으로 진행할 수 있게 함으로써 전자계산기를 효과적으로 리용하는 데 있어 매우 중요한 의의를 가진다고 할 수 있다.

전자결제카드는 모든 자료들을 전자기적 형태로 기록하고 그것을 전자기구와 장치를 통하여 자동으로 수감할 수 있게 형성되여 있다. 전자결제카드의 대표적인 예로 '나래카드'가 있는데 나래카드에 현금을 사전에 넣고(충전) 외화상점, 식당, 택시 등에서 결제를 진행할 때에 현금을 주지않고 무현금결제방식으로 해당물품 구입이나 봉사 요금을 나래카드로 결제할 수 있는 카드를 말한다.

나래카드는 과거에는 미달러 990$까지 충전이 가능했으나 현재는 충전금액과 외화에 구분이나 제한없이 충전이 가능하다.(달러, 유로화, 엔화, 위엔화는 물론 루불화도 가능)

[출처] 한눈에 보는 남녘말 북한말 (2018.7.11 앱 검색),
네이버지식백과 (2018.7.12 인터넷 검색),
새터민 인터뷰(2018.7.25)

남 ▸▸ 직불카드와 신용카드의 기능을 혼합한 카드로서 카드사용 대금의 결제는 예금계좌에서 자동 출금되므로 결제계좌 잔액범위 안에서 이용이 가능하고, 가입고객이 희망할 경우 개인별로 거래실적 등을 평가해서 최대 50만 원까지는 대출방식으로 신용공여가 가능하다.

직불카드와 다르게 체크카드는 신용카드가맹점에서도 얼마든지 이용이 가능하고, 신용카드처럼 신용카드 가맹점에서는 24시간 사용이 가능하다.

현금인출기능과 구매와 동시에 결재가 이루어지는 직불카드에 신용카드기능을 가지고 있는 카드라고 할 수 있으나 카드대금 결제는 신용카드와 달리 후불기능이 적용되지 않고 직불카드와 같이 이용대금이 고객의 예금계좌에서 당일 즉시 인출되는 특징을 가지고 있어서 예금잔액 범위 내서만 이용이 가능하므로 합리적인 소비를 유도하고 과소비를 방지하는 효과도 있다.

[출처] 경제용어사전 (더난출판 2010) p776,
금융실무대사전 I (한국금융연수원 2006) p741~742

3 직불카드

남 ▸▸ 고객이 상품이나 서비스를 구입할 때 그 점포에 설치된 단말기를 통해 대금을 고객의 은행계좌로부터 점포(가맹점)의 계좌로 자동이체하여 대금을 결제하는 방식의 카드를 말한다.

직불카드는 신용카드와 같이 대금결제의 후불기능이 없고 즉시결제 방식이고, 신용카드 가맹점에서의 사용은 제한되어 있다. 따라서 최근에는 일부 신용카드 기능이 있고 만들기 쉬운 체크카드를 많이 사용하고 있다.

[출처] 경제용어사전 (더난출판 2010) p759,
금융실무대사전 I (한국금융연수원 2006) p719~720,
금융실무대사전Ⅴ(한국금융연수원 2006) p851~852

4 북한의 카드 이용 현황

북 ▸▸ 기존의 충전식 나래카드의 개념이 없어지고 외화카드와 내화카드로 구분되어 이용되고 있음.

외화카드 : 충전식카드로 외화(달러 등)를 입금하여 내화로 환산된 금액을 평양을 중심으로 각도, 시 단위 가맹점에서 리용 가능

내화카드 : 충전식카드로 내화(북한돈)를 입금하여 해당금액 범위 내에서 평양지역 일부 가맹점 등에서 카드 사용이 가능하지만, 평양을 제외한 지역은 카드를 만들었던 지역을 중심으로 도,시,군 단위 지역에서 입금(충전)된 금액의 출금거래를 위해 은행에서 출금거래 수단으로 주로 리용되고 있다.

기　　타 : 황금의 삼각주은행 발행 선불카드 선봉, 평양과 원산을 잇는 고속도로 통행료 결재를 위한 미래은행 전자결재카드, 사용할 때 마다 포인트가 적립되는 모란 상점 회원전용 전자카드, 통신요금제 운영에 의한 고려링크 선불카드, 북한중앙은행 발행 전성 카드, 진명합영은행이 발행한 국내와 해외에서 결제가능한 전자저금카드, 김책공업종합대학 전자도서관 출입전자카드 등의 현재 북한에서 사용중이거나 페지된 카드 들이 있다.

최근에는 은행거래, 휴대폰, 지하철, 도서관, 주유소 등 다양한 목적으로 사용되는 전자카드가 개발되고 있고, 북한 당국에서도 전자 카드 체계를 발전시키기 위해 노력하고 있다.

[출처] 구글 (2018.7.12 인터넷 검색),
새터민 인터뷰 (2018.7.25)

5 발급주체에 따른 카드

남 ▸▸ 개인카드

개인이 신청해서 발급받는 카드

① 본인카드 : 은행이나 카드사에 신용카드 발급을 신청하여 카드를 발급 받은 본인이 사용하는 카드

② 가족카드 : 본인카드를 발급받은 회원이 카드사용 대상자를 지정하고 이용대금의 지급 및 카드 이용에 관한 책임을 본인회원이 부담할 것을 승낙한 회원이 발급받은 카드

법인카드

기업, 기관, 협회, 기타 사업자 등이 발급받는 카드로 사용자는 법인으로부터 카드를 교부받아 사용하는 법인에 소속되어 있는 임직원이 사용 하는 카드

① 공용카드 : 카드 사용자를 지정하지 않고 법인 임직원을 특정하지 않아서 아무나 사용이 가능한 카드로서 이용금액과 분실 등의 사고를 법인이 책임지는 카드

② 사용자카드 : 법인임직원 중 특정사용자를 지정하여 발급한 카드로서 카드사용자가 이용금액이나 분실 등의 책임을 명확히 하기위해서 만드는 카드

③ 개인형 법인카드 : 사용자를 지정하고 법인과 사용자에게 이용과 분실 등 사고 발생 시 연대책임을 지게하는 카드

6 사용가능지역에 따른 카드

남 ▸▸ **국내 전용카드**

국내가맹점에서만 사용이 가능한 카드

해외 겸용카드

국내가맹점은 물론 해외에 있는 가맹점에서도 사용이 가능한 카드로서 해외사용이 가능한 카드는 대략 Visa, Master, Amex, JCB, Union Pay 등의 카드가 있다. 다만, 해외겸용 카드는 국내 전용카드에 비해 연회비가 추가된다.

7 고객별 이용 등급에 다른 카드

남 ▸▸ 은행이나 카드사에서 일반, 우수, 최우수 등급 등으로 카드사용 금액이나 은행거래 실적 등을 감안하여 고객을 구분하여 각 등급마다 카드소지고객에 등급별로 차등하여 부가적인 서비스나 혜택을 부여하고 있으며, 연회비도 차등하여 받는 것을 말한다.

등급별 분류기준이나 혜택, 연회비 등의 세부기준은 각 은행이나 카드사마다 정해진 기준을 따르고 있다.

8 결제금액 시기에 따른 카드

남 ▸▸ **선불카드**

은행이나 신용카드사에서 대금을 미리 받고 이에 해당하는 금액을 기록하여 발행한 카드로, 선불카드 소지자가 신용카드 가맹점에 제시하여 그 카드에 기록된 금액의 범위 내에서 결제할 수 있는 카드로서 선불카드 역시 카드 이용 즉시 결제가 이루어지는 특성이 있다.

직불카드

은행이나 신용카드사에서 발행한 신용카드로 카드가맹점에서 카드 이용 시에 금융거래계좌에 이체하는 방법으로 이용즉시 결제가 이루어지는 카드로 체크카드 등이 있다.

9 교통카드

남 ▸▸ **후불교통카드**

사전에 충전없이 사용하고 결제일에 신용카드 대금과 같이 후불로 결제가 가능한 카드로 지하철, 버스, 택시, 유료도로 등에서 이용 가능한 카드

선불교통카드

신용카드 내에 금액을 미리 충전하여 버스, 지하철 등에서 이용이 가능한 카드

10 복지카드

남 ▸▸ 회사나 법인에서 소속 직원의 복리후생 목적으로 발급되는 카드로 법인 소속 직원에게 발급되고, 개인에게 결제의무가 있다는 점에서 개인형 법인카드와 유사하지만, 개인형 법인카드와는 달리 개인카드로 발급되는 점이 다르다.

① 복지카드 이용대금 자동정산방식 : 회사에서 요청한 일정 업체에서의 이용금액에 대해서만 복지포인트 금액 범위내에서 자동승인되는 방식

② 복지카드 이용대금 사후승인방식 : 회사에서 개인의 신용카드 이용내역중 복지포인트로 차감할 항목을 선정하여 사후에 포인트로 차감 승인해주는 방식

주 위 두 가지 결제방식 모두 회사에서 종업원들의 복지향상을 위해서 지원해주는 카드로서 직접 금전으로 지원해주지 않고 직원이 복지카드를 사용하는 금액에 대해 즉시 또는 사후에 일정한도 범위 내에서 결제를 대신 해주는 카드임.

11 정부 보조금 카드

남 ▸▸ 정부에서 추진하는 바우처사업 시행방안의 일환으로 발급되는 카드로서 자녀출산을 지원하는 정책, 아이를 양육하는 지원정책, 농어촌에서 농수산업에 종사하는 농어민들이 연료나 난방용으로 구입하는 유류비용을 지원하는 정책의 일환으로 발급하는 카드를 말한다.

바우처카드는 바우처 지원 대상 항목마다 정해진 지원 금액 한도내에서 개인별신용카드 대금결제시 정부지원 항목의 카드이용 결제금액만큼 카드결제 대금에서 자동으로 차감되고 해당금액은 정부에서 지원해주는 방식으로 운영되는 카드를 말한다.

12 카드별 특징

남 ▸▸

구 분	신용카드	체크카드	선불(직불)카드
사용가능 가맹점	신용카드가맹점	신용카드가맹점	직불카드가맹점
발급기관	신용카드사 (겸업은행, 백화점 및 전업카드사)	신용카드사 (겸업은행, 백화점 및 전업카드사)	은행
이용한도	신용한도 이내	예금잔액 이내	예금잔액 이내
결제방식	선구매 후결제방식 (결제일 지정)	구매 즉시	구매 즉시
할부, 단기카드대출	가능	불가능	불가능

13 국내카드가맹점 평균수수료율

남 ▸▸

구 분	신용카드	체크카드
영세가맹점	0.80%	0.50%
중소가맹점	1.30%	1.00%
대형가맹점	2.50%	2.20%
특수가맹점	2.50%	2.20%

주 2018.3월 현재 국내 가맹점 평균수수료율 임.

08

부동산

고층살림집 ⇔ 아파트

단세대집 ⇔ 단독주택

도세집(동거집) ⇔ 전셋집

도시살림집 ⇔ 도시주택

도시창고지역 ⇔ 물류단지(유통업무단지)

록지띠(잔디밭) ⇔ 녹지지역(그린벨트)

문화주택 ⇔ 연립주택

산업건물 ⇔ 공장

선불금 ⇔ 계약금

집주름방(주택거간지역) ⇔ 복덕방(부동산, 공인중개사무소)

차마당(차고) ⇔ 주차장

차지료(토지료) ⇔ 토지임차료

08 부동산

1 고층살림집 ⇔ 아파트

북 ▸▸ 2층 이상 높이로 여러 집들이 들어있는 높은 건물의 주택으로 고층주택 또는 아빠트라고도 말한다.

[출처] 글동무 (2018.7.9 앱 검색),
남북통일말사전 (두산동아 2006) p373,
통일부 홈페이지 북한정보포털 (2018.7.9 인터넷 검색),
한눈에 보는 남녘말 북한말 (2018.7.9 앱 검색)

남 ▸▸ 한 채의 건물 안에 구조적으로 한 가구씩 독립하여 여러 세대가 살 수 있게 구조된 5층 이상의 공동주택을 말한다.

[출처] 네이버지식백과 (2018.7.9 인터넷 검색)

2 단세대집 ⇔ 단독주택

북 ▸▸ 한집에 단 하나의 세대가 살도록 지어진 살림집을 말한다.

[출처] 통계청 홈페이지 북한통계 (2018.7.4 인터넷 검색)

남 ▸▸ 일반적으로 하나의 주택 안에 단일 가구(家口) 세대가 생활할 수 있는 구조로 단독택지 위에 건축하여 한 채씩 따로 지은 주택을 말한다.

[출처] 남북통일말사전 (두산동아 2006) p68

3 도세집(동거집) ⇔ 전셋집

북 ▸▸ 사전에 일정한 돈을 물고 집 전체를 빌려 쓰는 집을 말한다.

[출처] 남북통일말사전 (두산동아 2006) p253

남 ▸▸ 일정금액을 담보(보증금)로 주고 집 전체를 세로 빌려 쓰는 집을 말한다.

4 도시살림집 ⇔ 도시주택

북 ▸▸ 도시에 거주하는 주민들을 위한 살림집을 말하는데 도시주민들의 생활조건, 도시형성상 요구, 도시의 건설조건 등에 맞게 설계되고 건설된 살림집을 말한다.

[출처] 통계청 홈페이지 북한통계 (2018.7.4 인터넷 검색)

남 ▸▸ 대도시 중심가와 그 인근지역에 거주하는 사람들을 위해 세워진 주택유형으로 1층 또는 2층으로 되어있는 단독주택, 다가구 주택, 다세대주택, 아파트, 타운하우스, 연립주택, 상가 주택 등을 통틀어 말한다.

[출처] 네이버지식백과 (2018.7.4 인터넷 검색)

5 도시창고지역 ⇔ 물류단지(유통업무단지)

북 ▸▸ 전국 또는 해당 도시의 도시령역에서 봉사[1]하는 창고들이 배치된 지역을 말한다.

[출처] 통계청 홈페이지 북한통계 (2018.7.4 인터넷 검색)

남 ▸▸ 화물의 운송, 집화, 하역, 분류, 포장, 가공, 조립, 통관, 보관, 판매, 정보처리 등을 위하여 물류단지 안에 설치하는 물류터미널 및 창고, 대규모점포, 전문상가단지 및 공동집배송센터 등의 시설들이 설치되어 있는 지역을 말하고 유통업무단지라고도 말한다.

[출처] 네이버지식백과 (2018.7.4 인터넷 검색)

1) 기타편 참조. 봉사에 대한 내용을 정리하였음.

6 록지띠(잔디밭) ⇔ 녹지지역(그린벨트)

북 ▸▸ 환경보호 등을 위해 띠 모양 형태로 일부러 조성한 녹지를 말하는데 거리, 도로기슭, 공장주변, 산업지역과 주민지역사이, 강기슭과 바다 주변에 환경보호, 풍치조성, 휴식 등의 목적으로 조성하는 지역을 말한다.

[출처] 남북통일말사전 (두산동아 2006) p444

남 ▸▸ 도시의 경관을 정비하고, 도시주변의 녹지를 보존하고 환경을 보전하기 위해서 설정된 녹지대로, 이의 보존을 위하여 지정하는 개발제한구역을 의미하며 그린벨트라고도 한다.

그린벨트구역 안에서는 건축물의 신·증축, 용도 변경, 토지의 형질 변경, 토지 분할 등의 행위를 제한하고 있으나, 개발제한구역을 지정한 목적에 위배되지 않는 최소한의 범위안에서는 국민생활의 편익을 위한 시설로 해당지역의 허가권자의 승인이나 허가를 받아서 개발행위를 할 수 있는 지역을 말한다.

[출처] 네이버지식백과 (2018.7.4 인터넷 검색)

7 문화주택 ⇔ 연립주택

북 ▸▸ 생활하는 데 편리하고 문화적인 생활을 할 수 있도록 보기 좋고 알뜰하게 지은 살림집을 말한다.

[출처] 남북통일말사전 (두산동아 2006) p466

남 ▸▸ 건축 연면적이 660㎡(200평)를 초과하는 2호 이상 4층 이하의 공동주택으로 난방은 주로 개별난방 방식으로 지은 주택으로 그 내부는 아파트와 같은 구조로 된 한 개의 동의 건물 안에서 여러 가구가 각각 독립된 생활을 할 수 있도록 건축하여 지은 공동주택을 말한다.

[출처] 남북통일말사전 (두산동아 2006) p199

8 산업건물 ⇔ 공장

북 ▶▶ 산업건물은 가공공업의 생산단위로서 사회적 분업의 한 형태라고 할 수 있다. 개념상으로 기업소와는 일정하게 구별되는 것으로 사람들의 생산 활동과 생산설비의 설치와 운영에 필요한 모든 조건을 갖춘 건물을 말한다.

생산업종의 전문화에 따라 야금공장, 기계제작 공장, 화학공장, 방직공장 등으로, 관리소속에 따라 중앙공업공장과 지방산업 공장, 크기에 따라 대규모 공장과 중소규모 공장 그리고 부문에 따라 중공업부문 공장과 경공업부문 공장 등으로 구분되고 채취공업의 생산단위들인 탄광, 광산은 포함되지 않는 건물을 말한다.

[출처] 경제사전 1 (사회과학출판사 1985) p161 ~ 162,
통계청 홈페이지 북한통계 (2018.7.4 인터넷 검색)

남 ▶▶ 많은 사람들 또는 사람처럼 작업을 수행하는 기계로봇과의 협동 작업에 의해 계속적으로 상품을 생산하기 위하여 일정한 고정적인 기계시설물들을 설치한 장소 또는 건물을 말한다.

[출처] 네이버지식백과 (2018.7.4 인터넷 검색)

9 선불금 ⇔ 계약금

북 ▸▸ 판매자와 구매자가 계약을 맺을 때 계약의무 리행을 담보하기 위하여 구매자가 판매자에게 계약금액의 일부를 지불하는 자금을 말한다.

[출처] 재정금융사전 (사회과학출판사 1995) p723~724

남 ▸▸ 계약을 체결할 때, 계약대로 할 것을 보장받기 위하여 계약하는 두 사람(또는 회사) 중 주로 구매자가 판매자에게 미리 계약서에 명시 또는 서로 약속한 얼마 간의 주는 돈을 말하는데 통상적으로 계약금은 전체 계약금액의 10%에서 20%정도로 주고 있다.

[출처] 금융실무대사전 II (한국금융연수원 2006) p84~86

10 집주름방(주택거간지역) ⇔ 복덕방(부동산, 공인중개사무소)

북 ▸▸ 집의 매매를 거간하는 사람이 있는 곳을 말한다.

[출처] 남북통일말사전 (두산동아 2006) p121

남 ▸▸ 주택이나 사무실 또는 상가 등 건물과 집을 지을 수 있는 대지 또는 농사를 지을 수 있는 농지나 임야(산) 등의 토지 따위 부동산의 매매나 중개를 대신(알선)해주는 곳을 말한다.

11 차마당(차고) ⇔ 주차장

북 ▸▸ 자동차를 세워 두게 되여있는 일정한 장소를 마련한 곳을 말한다.

[출처] 남북통일말사전 (두산동아 2006) p589

남 ▸▸ 자동차를 주차시키기 위하여 일정한 설비와 시설을 갖춘 장소를 말하는데 도로의 노면 또는 교통광장의 일정구역에 설치되는 노상주차장, 도로의 노면 및 교통광장 외의 장소에 설치된 주차장으로서 노외주차장 그리고 건축물, 골프연습장, 그 밖에 주차수요를 유발하는 시설에 부대하여 설치된 주차장으로서 해당 건축물 및 해당시설물의 이용자 또는 일반인의 이용에 제공되는 부설주차장 등으로 구분된다.

[출처] 네이버지식백과 (2018.7.4 인터넷 검색)

12 차지료(토지료) ⇔ 토지임차료

북 ▸▸ 토지소유자로부터 빌린 토지를 가지고 임금노동자를 고용하여 기업을 경영하는 차지농업 자본가가 토지소유자로부터 토지를 빌려 쓰는 값으로 물어주는 돈을 말한다.

토지를 비롯한 기타 생산수단을 빌릴 때 토지소유자와 임차계약을 맺게 되는데, 차지료의 기본 부분은 지대이고, 이밖에 토지를 비롯한 생산수단에 이미 투자된 자본에 대한 리자도 차지료에 포함된다.

[출처] 재정금융사전 (사회과학출판사 1995) p1118

남 ▸▸ 개인이나 법인이 농사 또는 경영활동의 일환으로 농지(토지) 등의 부동산이나 이에 수반되는 건축물 또는 시설이나 기계 운반구 등의 동산을 소유주와 임대차계약에 의하여 임차하고 이에 대한 사용료로 지급하는 비용을 말한다.

[출처] 네이버지식백과 (2018.7.7 인터넷 검색)

09

회계

갈아넣기법 ⇔ 대입법
고정폰드(고정재산) ⇔ 고정자산
대방(계산자리 오른쪽) ⇔ 대변
류동고 ⇔ 손익계산서
믿음구간 ⇔ 신뢰구간
복합거래 ⇔ 복식기장
복합비 ⇔ 제조원가
분석계산자리 ⇔ 계정별원장
세분계산자리 ⇔ 세부명세서
실동율 ⇔ 가동율
연상자산계산자리 ⇔ 이연자산
영업전통권계산자리 ⇔ 영업권평가
웃예산납부금 ⇔ 이익잉여금 처분
원천면(부방) ⇔ 부채 및 자본
의제자본 ⇔ 가공자본(공자본)
인명계산자리 ⇔ 거래처원장
잔여복구가격 ⇔ 잔존가격
잔여시초가격 ⇔ 미상각잔액(상각대상액)
재고량불일치 ⇔ 재고자산감모손실
재고상품류통비 ⇔ 운반비
재산면(정방) ⇔ 자산
재정검열 ⇔ 재무감사
종합계산자리 ⇔ 재무상태표
차방(계산 왼쪽 자리) ⇔ 차변
총기법 ⇔ 복식부기회계
표준계산자리표(부기계산자리안) ⇔ 회계기준
표준바구니방식 ⇔ 표준 바스켓 방식
회계검증(회계검토) ⇔ 회계감사

09 회계

1 갈아넣기법 ⇔ 대입법

북 ▸▸ 어떤 특정의 수치 대신에 다른 수 또는 문자를 넣어서 련립방정식을 풀어가는 방법을 말한다.

[출처] 남북통일말사전 (두산동아 2006) p360

남 ▸▸ 연립방정식을 풀어가는 방법의 하나로서 하나의 미지수를 또 다른 미지수로 나타내고 그것을 다른식에 대입하여 문제를 푸는 방식을 말한다.

[출처] 네이버지식백과 (2018.7.4 인터넷 검색)

2 고정폰드(고정재산) ⇔ 고정자산

북 ▸▸ 비교적 오랜 기간 현물형태를 그대로 유지하고 리용과정에 점차적으로 마멸되면서 생산적 또는 비생산적 기능을 수행하는 재산으로 이러한 재산들은 한 생산 기간에 그 현물형태를 완전히 잃고 새로운 노동대상과는 달리 점차적으로 마멸은 되지만 그 현물형태를 비교적 오랜 기간 그대로 유지하면서 여러 생산 기간에 걸쳐 기능한다.

고정재산의 물적내용은 생산시설, 생산설비, 운수수단 등과 살림집, 문화후생시설 등과 같은 비교적 오랜 기간 현물형태를 유지하면서 생산적 또는 비생산적 기능을 수행하면서 수익의 원천이 되는 재산이나 물건들을 말한다.

[출처] 경제사전 1 (사회과학출판사 1985) p137,
남북통일말사전 (두산동아 2006) p373,
재정금융사전 (사회과학출판사 1995) p73,
통계청 홈페이지 북한통계 (2018.7.5 인터넷 검색)

남 ▸▸ 고정자산은 건물, 토지 등 기업에 비교적 장기간에 걸쳐 체류하면서 영업활동에 사용하고자 취득한 자산이며, 대차대조표일 이후 1년 이내에 현금으로 실현, 판매, 소비될 수 없는 자산으로 판매 또는 처분을 목적으로 하지 않고 비교적 장기간에 걸쳐 영업활동에 사용하고자 취득하는 각종 자산을 말한다.

[출처] 경제용어사전 (더난출판 2010) p118,
네이버지식백과 (2018.7.5 인터넷 검색)

3 대방(계산자리 오른쪽) ⇔ 대변

북 ▸▸ 거래금액을 올리는 복식부기계산자리의 두면가운데서 오른쪽면을 가리키는 부기전문용어로 부기발생초기에 매개 거래상대방과의 결제관계를 계산하는 내용중 빌려주는 측의 항목에 올리는 분야에 해당한다.

[출처] 재정금융사전 (사회과학출판사 1995) p396

남 ▸▸ 거래대차대조표의 오른쪽편에 기입하는 항목으로서 부채나 자본의 증가를 가져오거나 자산의 감소를 가져오는 회계적 용어를 말하는데, 돈을 빌리거나 현금이 지출되는(나가는) 항목을 기입하는 것을 말한다.

[출처] 경제용어사전 (더난출판 2010) p256,
네이버지식백과 (2018.7.4 인터넷 검색)

4 류동고 ⇔ 손익계산서

북 ▸▸ 일정기간 중 발생된 경영자금의 변동정형을 반영하는 계산자리지표를 말한다. 류동고는 부기계산자리의 대방과 차방에 올린금액을 일정한 기간을 단위로 하여 각각 합계하는 방법으로 계산하는 것을 말한다.

[출처] 재정금융사전 (사회과학출판사 1995) p447

남 ▸▸ 일정기간 동안 기업의 모든수익과 이에 대응하는 모든비용을 기재하고 법인세 등을 차감하여 경영성과인 당기순익을 한눈에 나타내는 재무제표 즉 회계보고서이다.

손익계산서는 매출액, 매출원가, 매출총이익, 판매비와관리비, 영업손익, 영업외수익, 영업외비용, 경상손익, 특별손익, 법인세(비용)차감전 순손익, 법인세 등(비용) 당기 순손익으로 구성되어 있다.

[출처] 금융실무대사전 I (한국금융연수원 2006) p376

5 믿음구간 ⇔ 신뢰구간

북 ▸▸ 통계학 분야의 모집단에서 모집단의 평균이나 분산을 추정할 경우 표본에서 얻을 수 있는 구간을 말한다.

[출처] 통계청 홈페이지 북한통계 (2018.7.4 인터넷 검색)

남 ▸▸ 표본 집단에서 얻은 통계치를 가지고 모집단의 모수치(母數値)를 추리하기 위하여 모수치가 놓여 있으리라고 자신하는 값의 구간을 말하는데, 이때 추리에서 가지는 자신의 정도는 확률 수준으로 표현하는데 이를 신뢰구간이라고 한다.

[출처] 네이버지식백과 (2018.7.5 인터넷 검색)

6 복합거래 ⇔ 복식기장

북 ▸▸ 하나의 거래에 세개 또는 그 이상의 거래요소가 결합되여 있는 거래로서 단순거래와는 대응되는 부기적개념의 거래이다. 단순거래가 두개의 거래요소로 결합되여 있는 거래라면 복합거래는 세개 또는 그 이상의 거래요소와 결합되여 있는 거래이다.

원료 및 기본자재를 받고 그 값과 함께 공급자가 선대하여 문 운임까지 물어준 거래는 세개의 거래요소가 결합된 즉 원료 및 기본자재라는 재산의 증가, 물자구입경비라는 비용의 증가, 은행예금이라는 화폐재산의 감소 요소가 결합되여 거래되여지는 형태를 복합거래라고 할 수 있다.

[출처] 재정금융사전 (사회과학출판사 1995) p594

남 ▸▸ 어느 거래에 대해서 증가한 것과 동시에 감소한 것 양쪽을 모두 기입하는 부기적개념으로서 차변요소 또는 대변요소가 2개 이상인 거래로 기재하는 방식 즉 복식부기거래에서 기입하는 부기적개념의 방식이라고 할 수 있다.

[출처] 경제용어사전 (더난출판 2010) p243, 382,
금융실무대사전 I (한국금융연수원 2006) p283,
네이버지식백과 (2018.7.11 인터넷 검색)

7 복합비 ⇔ 제조원가

북 ▸▸ 단일 요소비에 대응하는 개념으로 서로 다른 여러 개의 생산비 요소로 이루어지는 비용으로서 복합비의 항목으로는 직장일반비, 기업소관리비, 생산준비비, 오작손실비 및 작업중단으로 인한 손실비 등과 같은 비용들이 속한 비용을 통칭한다.

[출처] 재정금융사전 (사회과학출판사 1995) p595

남 ▸▸ 일반적으로 제품의 제조에 있어서 직접원가인 직접재료비와 직접노무비 그리고 직접경비를 더한 것과 제조간접비를 더한 것이 필요원가인데 이 필요원가는 제품의 제조를 위해 직·간접적으로 소비한 일체의 경제가치 합계액으로서 제조원가라고 말한다.

[출처] 경제용어사전 (더난출판 2010) p709,
금융실무대사전 I (한국금융연수원 2006) p669,
네이버지식백과 (2018.7.11 인터넷 검색)

8 분석계산자리 ⇔ 계정별원장

북 ▸▸ 종합계산자리와 세분계산자리에서 계산되는 대상을 보다 구체적으로 갈라 따로따로 기록계산하기 위하여 설정한 부기계산자리로서 종합계산자리에 반영된 경영재산과 자금원천의 변동을 세부요소별로 더 구체화한 계산자리들을 리용하여 계산하는 방법을 말한다.

분석계산자리의 특징은 화폐적으로만 진행되는 종합계산과는 달리 장부 또는 계산표들에 의하여 품종, 규격 및 등급별, 개별적 대상별, 보관장소별 및 물질책임자별로 현물과 금액을 다함께 계산하는 것이다.

[출처] 경제사전 1 (사회과학출판사 1985) p650,
재정금융사전 (사회과학출판사 1995) p616~617

남 ▸▸ 기업의 모든 거래를 계정과목별로 기록·계산하는 장부를 말하는데, 기업의 모든 재산·자본의 증감이 계정과목별로 매일 기록되므로, 기록된 장부를 살펴보면 그 기업의 재산상태·영업성적을 확인할 수 있으므로, 기업에서는 가장 중요한 회계장부라고 할 수 있다.

[출처] 네이버지식백과 (2018.7.4 인터넷 검색)

9 세분계산자리 ⇔ 세부명세서

북 ▸▸ 종합계산자리에서 계산되는 대상을 일정한 표식에 따라 다시 크게 구분하여 그 상태와 변동을 계산하는 부기계산자리를 말하는 데 있다. 종합계산자리와 분석계산자리 사이에 놓이면서 부기종합계산에 주로 쓰이는 데 있다.

[출처] 재정금융사전 (사회과학출판사 1995) p845~846

남 ▸▸ 재무상태표의 각 항목에 대한 세부적인 내용에 대한 명세서를 말한다.

10 실동률 ⇔ 가동율

북 ▸▸ 년간 날자수에 대하여 실제 기계나 설비를 쓴 날자수의 비률을 말한다.

[출처] 남북통일말사전 (두산동아 2006) p522,
통계청 홈페이지 북한통계 (2018.7.4 인터넷 검색)

남 ▸▸ 생산설비가 어느 정도 이용되는지를 나타내는 지표로서, 사업체가 주어진 조건(설비, 노동, 생산효율성 등)하에서 정상적으로 가동하였을 때에 생산할 수 있는 최대 생산량(생산능력)에 대한 생산량의 실제 비율을 말하며, 개별 기업의 생산설비에 따라 차이는 발생하지만 통상적으로 80% 이상이면 정상적인 가동률이라고 말한다.

[출처] 경제용어사전 (더난출판 2010) p65

11 연상자산계산자리 ⇔ 이연자산

북 ▸▸ 자산을 고정자산, 류동자산, 연상자산으로 구분하는데 그 중 하나의 자산인 연산자산에 대한 연상자산계산자리는 지출의 보상이 다음결산기에 넘어가는 비용을 계산반영하는 계산자리의 한 부류를 말한다.

연상자산에는 기업의 창립비, 개업비, 신주식발행비, 사채발행비, 사채발행자금, 개발비, 시험·연구비 등으로 연상자산계산자리를 세분화하여 설정하고 있는 계산자리를 말한다.

[출처] 재정금융사전 (사회과학출판사 1995) p1326

남 ▸▸ 회사가 당해연도에 비용을 지출하여 지출의 대가인 서비스의 제공은 받았으나, 그 지출의 수익이 차년도 이후에까지 미칠 수 있을 것으로 기대할 수 있기 때문에 수익·비용 대응의 원칙에 따라 그 지출된 당해연도에만 비용으로 처리하는 것이 합당하지 아니하므로, 이를 대차대조표상의 자산으로 계상하여 차기연도 이후 수년에 걸쳐 점차로 상각하는 것이 인정되는 것으로 합리적인 비용 배분을 통한 손익계산을 위해서 이연된 금액이라고 할 수 있다.

이연자산에는 창립비, 개업비, 신주발행비, 사채할인발행차금, 개발비, 시험연구비, 건설이자 등이 있다. 이들은 일정한 상각방법에 의하여 수년 간에 걸쳐 상각하게 되는데, 그 동안의 미상각 잔액이 자산처럼 되는 것이다.

[출처] 금융실무대사전 II (한국금융연수원 2006) p781,
네이버지식백과 (2018.7.9 인터넷 검색)

12 영업전통권계산자리 ⇔ 영업권평가

북 ▸▸ 영업전통권계산자리는 특허권, 상표권 등의 계산자리와 함께 구체적인 형태를 가지지 않으나 기업운영에 유리하게 장기간 리용되는 이른바 무형고정자산을 계산 반영하는 계산자리의 하나로 순자산액(자본) 이상으로 평가되는 기업의 가치를 반영하는 계산자리를 말한다.

영업전통권계산자리는 기업들이 유리한 입지조건, 상품의 이름과 상표에 대한 수요자들의 신임, 구매자, 금융기관을 비롯한 거래대상자들과의 유리한 관계, 시장에서의 독점적 지배력 등에 의하여 사회적으로, 역사적으로 높은 신용을 얻고 많은 거래자들을 대상으로 하고 있는 것을 비롯하여 영업에서의 유리한 조건들을 가지고 있을 때에 같은 업종의 다른 기업들보다 더욱 높은 수익력을 가질 수 있다.

[출처] 재정금융사전 (사회과학출판사 1995) p1330

남 ▸▸ 영업권평가는 특정기업이 동종의 타 기업에 비하여 더 많은 초과 이익을 낼 수 있는 무형자산을 회계상으로 기록하는 것으로서, 특정기업의 경제활동을 통하여 축적된 재산적가치가 있는 사실관계로 인하여 기업의 가치가 기업에 속하는 개별적 자산의 가격을 초과하는 경우에 그 무형의 재산적 가치를 기업이 정상적인 영업활동 과정에서 창출할 수도 있으나 외부와의 교환거래 없이 기업내적으로 개발된 영업권은 인식 시기나 금액결정이 매우 어렵기 때문에 자산으로 계상할 수는 없다.

기업회계기준에서는 영업권을 합병이나 영업 양수 또는 전세권 취득 등의 경우에 유상으로 취득하는 것만을 계상하도록 규정하고 있다. 따라서 기업내적으로 영업권을 개발하고 유지하는 데 발생한 모든 원가를 발생한 기간의 비용으로 처리하는데 이런 일련의 과정을 말한다.

[출처] 경제용어사전 (더난출판 2010) p565,
금융실무대사전 I (한국금융연수원 2006) p479

13 웃예산납부금 ⇔ 이익잉여금 처분

북 ▸▸ 여러 예산단위들 속에서 지출에 비하여 수입초과금액을 웃 예산에 바치는 돈으로써 이러한 납부금은 시, 군 예산에서는 도에, 도 예산에서는 중앙예산에 바치게 되는 납부금을 말한다.

웃 예산 납부금의 규모는 지방예산 수입에서 지출을 보상하고 남은 수입초과액 가운데서 우대기금과 예비기금을 던 나머지로 규정한다.

웃예산 납부금은 지방에서 자체의 살림살이를 책임적으로 해나가게 하면서 아래예산단위들로 조성된 예산수입초과액을 웃예산에 동원하여 사용하게 하고 소비와 축적을 더 큰 규모에서 합리적으로 실현하여 나라의 전반적인 경제발전을 다그치고 인민생활을 높여 나갈 수 있게 하는 데 있다.

[출처] 재정금융사전 (사회과학출판사 1995) p1339

남 ▸▸ 이익잉여금이란 회사의 정상적인 영업활동으로 발생되는 것으로 개인이나 기업이 영업을 목적으로 하여 상품의 판매 또는 용역의 제공을 하고 그 대가를 받는 것으로 한 해 동안 벌어들여서 나오는 수익을 매출 이익이라고 뜻하며, 그것을 유보한 이익을 말한다.

이익잉여금처분은 손익거래에서 발생한 이익중에서 처분한 이익준비금, 기업합리화적립금, 재무구조개선 적립금 등의 기타 법정적립금, 이익잉여금으로서 현금배당으로 사외 유출된 금액과 주식배당이나 무상주발행으로 자본이 전입된 금액 등의 차기 이월이익잉여금 및 기타 처분액을 말한다.

[출처] 경제용어사전 (더난출판 2010) p635,
금융실무대사전 I (한국금융연수원 2006) p562~563

주 웃예산의 납부금처럼 잉여예산이 발생할 경우 상위단체에 예산을 납부하는 방식은 국내에서는 자체적으로 회사 내규를 통해서 잉여 이익을 자회사에서 모회사로 또는 각 영업소에서 본사로 집중시키는 경우는 있을 수 있으나, 공식적으로나 법률적으로 회계상에서의 상급기관에 납부하는 항목이 없어서 이익금을 처리하는 내용과 같은 이익잉여금 처분항목으로 대체하였음.

14 원천면(부방) ⇔ 부채 및 자본

북 ▸▸ 원천면은 기관, 기업소의 경영자금에 대한 형성원천과 크기를 항목별로 반영하기위한 재정상태의 오른편쪽 면에 있는 것으로 고정기금과 류동자금, 리익금과 자금원천이 세분항목으로 구분되어 있으며, 재산면과는 대응되는 개념으로 부방이라고도 한다.

원천면의 항목들은 경영자금의 형성원칙을 밝혀주는데 고정기금 항목과 류동자금 항목, 자체 류동자금 항목, 은행대부금 항목, 내줄 로동보수와 바칠 사회보험료, 앞으로 물어주기 위하여 마련된 자금을 포함하여 자체 류동자금과 같이 일상적으로 리용할 수 있는 물어주며 바쳐야 하거나 물어주어야 하는 돈 항목들, 기타 여러 가지 물어줄 돈 항목, 지정된 목적에 리용할 자금과 사업비자금, 기타 자금원천 항목, 리윤과 손실보상금 수입항목 등이 순차로 올라와 있는 면을 말한다.

[출처] 경제사전 2 (사회과학출판사 1985) p733,
재정금융사전 (사회과학출판사 1995) p1462~1463

남 ▸▸ 복식부기의 분개법에서 일정시점 기업의 재무상태중에서 자금의 조달원천인 자본과 부채의 증가를 가져오거나 자산의 감소를 가져오는 회계적 거래를 장부상 계정계좌의 오른쪽 부분에 부채 및 자본을 기록하는 것으로 기업에 투입된 총자본은 그 원천에 따라 타인자본인 부채와 자기자본으로 나뉜다.

부채란 과거의 거래나 사건의 결과로 다른 실체에게 미래에 자산이나 용역을 제공해야 하는 특정 실체의 의무를 말하며 유동부채, 고정부채, 이연부채로 분류된다.

자본은 주주지분 또는 소유주지분이라 불리는 것으로 기업의 총자산에서 총부채를 차감하고 남은 잔여분을 말하며 자본금, 자본잉여금, 이익잉여금으로 구성된다.

자본금은 주주들이 직접 출자한 주식의 액면총액이며 자본잉여금은 주주들이 액면가액 이상으로 납입하거나 자본거래에서 발생한 잉여금이고, 이익잉여금은 손익거래에서 창출된 이익 중 유보된 금액을 말한다.

[출처] 경제용어사전 (더난출판 2010) p393,
네이버지식백과 (2018.7.23 인터넷 검색)

15 의제자본 ⇔ 가공자본(공자본)

북 ▸▸ 의제자본은 실제적인 가치물은 아니면서도 그 소유자에게 리익배당금, 리자의 형태로 소득을 가져다주는 유가증권형태의 자본, 주식, 공채, 사채, 부동산은행의 부동산저당증권인 담보부증권 등의 유가증권들이 이에 속한다.

의제자본은 신용제도가 진화되어 발전하며 모든 유휴화폐 자본이 대부나 예금에 의하여 리자를 얻으며 마치도 리자부 자본의 개념이 쓰이는 조건에서 발생하게 되었다.

의제자본은 이러한 리자부 자본의 운동법칙에 기초하여 발생한 경제범주로서 리자부 자본은 규칙적으로 얻게 되는 소득의 핵심이 무엇이든지 일정한 금액의 리자부 자본이 가져다주는 것 이라고 인식되고 그것이 실제 리자부 자본이 아니어도 그 뒤에 있는 핵심을 리자부 자본이라고 취급하게 된다. 그러므로 이처럼 가상적인 자본이기 때문에 공자본이라고도 말한다.

[출처] 경제사전 2 (사회과학출판사 1985) p723,
재정금융사전 (사회과학출판사 1995) p1445~1446

남 ▸▸ 가공자본이란 현실적인 가치를 가지지 않고, 장래의 수익을 낳게 하는 원천으로서 가공적인 자본의 형태를 말한다. 화폐자본의 대부를 통하여 일정한 수익이 규칙적으로 얻어지는 관계가 성립된다면, 정기적 수익을 가져다주는 원본은 모두 자본이라고 판단한다.

이러한 경우 규칙적인 수익을 평균이율로 환원하여 가공된 상정자본을 생각하게 되는데, 이와 같이 수익이 발생하는 원본을 평균이율로 자본에 환원하는 것을 가상자본이라고 말한다.

가상자본은 이자부(利子付)자본이라는 새로운 자본의 형태가 성립하면 정상적인 화폐소득을 이자로 간주하여 시장이자율을 적용함으로써 자본화 또는 자본환원을 행할 수 있다. 이와 같이 이자를 자본화함으로써 형성되는 자본을 가상자본이라고 한다.

가상자본이 때로는 실체가 없는 명목만의 자본을 의미하는 용어로 사용되는 경우도 종종 있으며, 독점자본주의의 단계에서는 가상자본의 양은 현저하게 증대하여 그 자체가 독점자본주의의 기생적인 성격을 나타내기도 한다.

가상자본의 의의를 보다 광의로 사용하는 경우를 예로 들자면 은행이 명목가치와 소재가치가 같은 즉 금본위제도하에서의 금화를 말하는 정화(正貨)준비를 하지 않고 은행권을 발행하는 경우에도 이것을 가공자본이라고 하는데, 구체적으로는 주권이나 공사채(公社債)와 같은 국채증권 및 사채 등의 확정이자부 증권과, 주권, 지가(地價), 권리금 등을 들 수 있다.

[출처] 네이버지식백과 (2018.7.9 인터넷 검색)

16 인명계산자리 ⇔ 거래처원장

북 ▸▸ 인명계산자리란 최초에 발생한 부기계산자리에서 거래대상자별로 채권, 채무거래를 계산반영하는 자리로서 채권, 채무를 기관, 기업소, 개인별로 계산·반영함으로써, 채권, 채무를 제때에 청산하도록 장악통제하는 거래대상자별로 설정한 부기계산자리를 말한다.

[출처] 재정금융사전 (사회과학출판사 1995) p1387~1388

남 ▸▸ 거래처원장이란 회사와 거래처간의 거래내역을 기재한 명세서를 말하는데 거래처와의 채권, 채무내역을 상세히 기록하는 보조장부를 말한다. 거래처원장은 채무보다는 주로 채권에 해당되는 외상매출금계정에 많이 사용되고 있으며, 거래처별 채권·채무 명세서라고도 한다.

[출처] 네이버지식백과 (2018.7.4 인터넷 검색)

17 잔여복구가격 ⇔ 잔존가격

북 ▸▸ 잔여복구가격은 고정재산의 완전복구가격에서 마멸액을 던 가격을 말하는데, 고정재산의 잔여복구가격(가치형태)의 화폐적 표현으로서 잔여복구가격은 고정재산의 잔여가치(가치형태)를 현재의 사회적 재생산비와 가격수준에 따라 평가한 고정재산가격이다.

잔여복구가격은 그 구성과 포괄범위에서 고정재산의 완전복구가격에 대응하고 가격수준에서는 고정재산의 잔여시초가격에 대응한다. 잔여복구가격은 고정재산의 완전복구가격에서 생산물에 이전된 금액을 덜고 남아있는 가치 또는 가치형태 부분으로 고정재산을 주기적으로 재평가하여 고정재산의 완전복구가격을 규정할 때 동시에 계산하여 표시하는 것을 말한다.

[출처] 경제사전 2 (사회과학출판사 1985) p266,
재정금융사전 (사회과학출판사 1995) p893

남 ▸▸ 고정자산 등이 내용연수까지 사용되어 그 자체가 가지고 있는 사용가치가 소멸된 이후에도 남은 잔존자산의 매각가치를 말하는 것으로 재산의 가치가 매년 일정한 비율로 감소된다는 가정 하에 잔존가격은 그 존재가 인정된다고 할 수 있다.

잔존가격은 법적으로 허용되는 방법에 의하여 산정하는데, 최초 취득가격(구입가격)에서 감가상각액을 산출하여 그 가액을 공제하여 계산하므로 감가상각액의 산정방법이 잔존가격의 산정방법이 된다고 할 수 있다.

잔존가격은 자산을 처분할 때에 획득할 수 있을 것으로 추정되는 가액에서 그 자산의 제거 또는 판매비용을 차감한 금액이라고 할 수 있다.

결론적으로 잔존가격은 내용연수가 경과한 후의 고정자산을 중고 또는 폐품으로 처리하는 가격을 말하며, 또 다른 말로는 장부상의 잔존가치, 장부가치 혹은 재고가치라고도 말한다.

[출처] 금융실무대사전Ⅴ(한국금융연수원 2006) p750,
네이버지식백과 (2018.7.10 인터넷 검색)

18 잔여시초가격 ⇔ 미상각잔액(상각대상액)

북 ▸▸ 고정재산잔여시초가격(가치형태)의 화폐적 표현으로서 잔여시초가격은 완전시초가격, 잔여복구가격과 대응하는 고정재산가격의 한 형태로서, 잔여시초가격은 고정재산의 완전시초가격에서 마멸액을 던 가격을 말하는 것으로 해당고정자산의 물리적 마멸액 만큼 적고 해당 고정재산의 잔여복구가격보다는 해당고정재산의 잔여가치에서 도덕적으로 마멸된 가치(가치형태)에 해당하는 것만큼보다 더 큰 것을 말한다.

잔여시초가격은 현재 가지고 있는 고정재산의 쓸모를 규정하는 실제적인 가치형태로서 고정재산의 완전시초가격에서 생산물에 이전된 금액을 덜고 남아있는 가치 또는 가치형태를 표시하여 해당 고정재산을 보관관리하며 특히 그 리용과 보수, 갱신 등을 타산하는데서 중요한 의의를 가진다고 할 수 있다.

[출처] 경제사전 2 (사회과학출판사 1985) p266,
재정금융사전 (사회과학출판사 1995) p893~894

남 ▸▸ 미상각잔액이란 어느 특정한 유형자산은 물리적으로나 기능적으로 또는 경제적인 원인에 의하여 자산의 가치가 감소하게 되는데, 이러한 유형자산을 기업의 영업활동 중에 사용하여 얻게 되는 수익과 대응될 자산의 원가분을 측정하는 것을 감가상각이라 하고, 취득원가에서 감가상각 되었던 부분을 차감한 금액을 미상각잔액이라 말한다. 즉 취득원가에서 잔존가치(잔존가격)을 뺀 금액을 의미하는 것으로 다른 용어로는 상각대상액 또는 감가총액이라고도 한다.

[출처] 경제용어사전 (더난출판 2010) p76~77,
금융실무대사전 II (한국금융연수원 2006) p28~29,
네이버지식백과 (2018.7.10 인터넷 검색)

19 재고량불일치 ⇔ 재고자산감모손실

북 ▸▸ 기관, 기업소의 경영재산에 대하여 장부상 수량이나 자산과 실제로 보유 또는 보관하고 있는 수량이나 자산과의 차이나 불일치되는 내용 즉 재고량 불일치를 류동고(손익계산서)에서 확인 또는 류동고에 기록하여야 한다.

[출처] 글동무 (2018.7.6 앱 검색)

남 ▸▸ 재고자산의 실제 재고수량이 장부상의 재고수량보다 적은 경우의 차액을 재고자산감모손실이라 하며, 상품을 보관하는 과정에서 파손, 마모, 도난, 분실, 증발 등으로 인하여 기말에 상품재고장에 기록된 장부상의 재고수량보다 실제 재고수량이 적은 경우에 발생하는 그 차액을 말하기도 한다.

재고자산감모손실이 발생한 경우에는 장부상의 기말재고액을 감소시켜야하는데 원가성이 있는 경우에는 매출원가로, 원가성이 없는 경우에는 영업외 비용으로 감모손실만큼 당기비용으로 회계처리 하고 이를 손익계산서에 반영하여야 한다.

[출처] 네이버지식백과 (2018.7.6 인터넷 검색)

20 재고상품류통비 ⇔ 운반비

북 ▸▸ 일반적으로 생산기업소에서 생산된 상품은 류통부문을 통하여 소비자에게 판매되여진다. 그러므로 류통과정에서는 류통분야에서 봉사하는 일군들의 산로동의 지출과 함께 상품의 수송과 보관 그리고 저장과 포장 등 류통부문 기업소의 경영활동을 위한 비용인 류통비가 지출된다.

지출된 류통비는 상품이 판매되었을 때 상업부가금 수입을 통하여 보상되는데, 재고상품류통비는 상업기업소들에서 상품이 팔리기 전에 지출되는 비용으로 상품류통과 류통비지출의 특성과 밀접하게 관련되여진다.

[출처] 재정금융사전 (사회과학출판사 1995) p1050

남 ▸▸ 기업에서 생산된 제품 즉 산업자본인 상품의 유통을 위하여 필요로하는 비용으로서, 주로 교통 기관을 이용할 때 드는 비용을 뜻하는 운반비는 종착지 비용과 운반거리 비용으로 구성되어 진다. 종착지 비용은 하역비, 운송업무비, 관리유지비 등으로 운반거리와 상관없이 발생되는 일정한 비용이며, 운반거리 비용은 실제 운송수단이 이동하는 거리에 따라 증가하는 비용으로 주행비용이라고도 한다.

이와 같이 주로 물적 유통에 소요되는 비용을 말하고, 물적 유통으로는 포장, 보관, 적재, 수송, 하역 등이 포함되는데 이러한 과정 속에서 발생하는 모든 비용을 전부 운반비라고 하며, 재고자산의 감소를 위한 판매촉진을 위하여 상품판매가 요구되거나 상품판매를 위하여 특정장소(지역)로 이동이 필요한 경우 신속하고 원활한 상품공급을 위해서 필요한 비용이라고 할 수 있다.

[출처] 경제용어사전 (더난출판 2010) p333,
네이버지식백과 (2018.7.10 인터넷 검색)

21 재산면(정방) ⇔ 자산

북 ▸▸ 재산면은 기관, 기업소 경영재산의 구성과 크기상태를 항목별로 반영하기 위한 재정상태표의 왼쪽면을 말하는 것으로 일정한 시점현재 기업소가 가지고 있는 경영재산이 어떠한 것들로 이루어졌다.

어디에 어떤 상태로 배치되어 무엇에 리용되고 있는가를 표시해주는 경영재산항목들의 이름을 올리기 위한 금액란으로 되여있고, 그밖에 기준화되는 류동재산의 보유 기준액을 올리기 위한 란도 가지고 있다.

특히 재산항목을 올리기 위한 란에는 고정재산과 관련한 항목들로서 고정재산과 고정재산페기항목이 올라와 있고 류동재산과 관련한 여러 가지항목들로서 저장물재산, 미성품, 자체생산반제품, 미완성 공사, 완제품, 발송제품, 수행된 공사, 화폐재산, 여러 가지 받을 돈, 기타 비용지출들이 올라와 있다.

철수재산과 관련한 항목들로서 손실금, 리윤배분들이 반영되여있고, 주로 경영재산을 계산하는 종합계산자리와 세분계산자리 단위로 설정되여 표시되고 있으며, 자금 원천면과는 대응되는 개념으로 정방이라고도 한다.

[출처] 경제사전 2 (사회과학출판사 1985) p461,
재정금융사전 (사회과학출판사 1995) p1068

남 ▸▸ 복식부기의 분개법에서 일정시점 기업의 재무상태 중에서 조달된 자금의 운영 상태인 자산을 나타내는 면으로 재정 상태표에서 경영 재산의 구성과 배치상태를 나타내는 장부상 계정계좌의 왼쪽 부분에 기록하는 것으로 기업이나 개인이 소유하고 있는 가치 있는 물적재산이나 무형의 권리를 말한다.

자산은 과거의 거래나 사건의 결과로 특정 실체에 의해 획득된 미래의 경제적 효익을 의미하는 것으로서 소유자에게 매우 유용하다. 기업의 자산은 유동자산과 고정자산의 두 종류로 대별되는 것이 보통이다.

유동자산은 용이하게 현금화될 수 있는 자산으로서, 현금, 판매금, 재고자산 및 시장성 있는 유가증권을 포함하며, 고정 또는 비유동자산은 기업의 영업을 저해함이 없이는 쉽게 현금화할 수 없고, 또 보통 1년 이상 소유되는 자산으로 토지, 건물, 설비 및 장기투자 등을 포함한다. 고정자산 중에는 특허권, 저작권, 상표권 및 영업권과 같은 특정의 실체를 가지고 있지 않은 권리와 편익인 무형자산이 포함된다.

[출처] 경제용어사전 (더난출판 2010) p668,
네이버지식백과 (2018.7.23 인터넷 검색)

22 재정검열 ⇔ 재무감사

북 ▸▸ 재정검열은 재정은행사업을 비롯한 해당 단위들의 일상적인 사업과정을 통한 재정통제와는 달리 기관, 기업소들의 재정관리정형을 경영활동의 현실과 결부하여 따져보고 결함들과 편향들을 바로잡고 경제관리를 개선하는 사후 통제로서 경영활동정형과 재정관리실태를 검토분석하고 개선대책을 세우는 재정통제의 기본 형태의 하나이다.

[출처] 재정금융사전 (사회과학출판사 1995) p1074~1075

남 ▸▸ 기업이 작성한 재무제표에 대하여 예산의 운용실태 및 회계처리의 적정성 여부 등에 대한 검토와 확인을 위주로 실시하는 것으로 해당기업의 회계 담당자가 아닌 감사전담부서 또는 전문 회계법인회사에 의뢰하여 기업 외부에서 맡아 하는 감사를 말한다.

[출처] 네이버지식백과 (2018.7.7 인터넷 검색)

23 종합계산자리 ⇔ 재무상태표

북 ▸▸ 기관, 기업소의 경영재산과 그 자금원천, 경영과정을 종합적인 단면에서 크게 갈라 그것들의 상태와 변동과정을 그때그때 금액적으로 기록계산하는 부기계산자리를 말한다.

경영과정에서의 비용지출, 업무성과, 사회순소득의 조성과 분배를 종합적으로 서로 련관시켜 계산 반영할 수 있게 설정한다.

[출처] 재정금융사전 (사회과학출판사 1995) p966

남 ▸▸ 기업의 재무 상태를 구성하는 자산, 부채, 자본에 대한 정보를 제공하는 회계 장표로서 기업의 경영에 따른 재무상태를 파악하기 위해 회계원칙에 따라 간단하게 표시한 재무 보고서를 뜻한다.

[출처] 네이버지식백과 (2018.7.2 인터넷 검색)

24 차방(계산 왼쪽 자리) ⇔ 차변

북 ▸▸ 경영거래금액을 올리는 복식부기계산자리의 두면 가운데서 왼쪽면을 표시하는 부기전문용어로 부기발생초기에 매개 거래상대방과의 결제관계를 계산하는 내용중 빌리는 측의 항목에 올리는 분야에 해당한다.

[출처] 재정금융사전 (사회과학출판사 1995) p1117

남 ▸▸ 대변의 반대 또는 상대되는 용어로서 차변에는 자산항목의 증감을 기입하여 대변의 증가가 있으면 상대적으로 차변의 감소, 대변의 감소가 발생하면 차변의 증가가 발생하게 되며, 거래대차대조표의 왼쪽에 기입한다.

[출처] 경제용어사전 (더난출판 2010) p256,
네이버지식백과 (2018.7.4 인터넷 검색)

25 총기법 ⇔ 복식부기회계

북 ▸▸ 총기법은 상품계산자리의 차방에는 구입가격을 대방에는 판매가격을 기입하는 상품거래에 대한 분기방법으로 수익과 자산을 개괄하여 반영함으로써 기업들의 재산상태와 그 리용정형을 정확히 장악분석하도록 지원하는 것이다.

경제적 내용이 서로 다른 것을 하나의 계산자리에 처리하는 것으로, 이와같은 방식의 계산자리를 혼합계산자리라고도 한다.

[출처] 재정금융사전 (사회과학출판사 1995) p1128~1129

남 ▸▸ 경영활동중에서 외부와 상품거래를 할 때 거래의 주고받는 양 측면을 함께 기록함으로써 상품계정의 차변에 매입원가를 기록하고 대변에는 매출액을 기입하여 작성하는 것으로, 영업에서 이용되는 금전기록체제로서 각 거래의 차변과 대변에서 동시에 기록이 이루어진다.

기록의 신뢰성을 확보하고 재무상태, 재무성과 및 현금흐름 등 경영의사결정에 필요한 다양한 재무적 정보를 제공할 수 있는 장부기록방법을 말한다.

기록대상을 관련항목과의 유기적 관계로 보고 병행해서 적는 회계방법으로써, 복잡한 거래활동이나 거래업적을 정확하게 산출해야하는 기업들은 복식부기를 활용한다.

[출처] 경제용어사전 (더난출판 2010) p243, 382,
글동무 (2018.7.7 앱 검색)

26 표준계산자리표(부기계산자리안) ⇔ 회계기준

북 ▸▸ 기관, 기업소들의 부기계산에서 법적 의무성을 가지고 있어서 의무적으로 적용해야 할 부기계산자리들을 하나의 일람표에 체계적으로 배렬한 계산자리 목록을 말하며 부기계산자리안 이라고도 말한다.

[출처] 재정금융사전 (사회과학출판사 1995) p1189

남 ▸▸ 개인이나 사업체의 재무상태에 관해 수치적인 정보를 제공하는 회계행위를 할 때 준수해야만 하는 법칙이나 규칙을 말한다.

[출처] 경제용어사전 (더난출판 2010) p917

27 표준바구니방식 ⇔ 표준 바스켓 방식

북 ▸▸ 국제통화기금에서 적용되고 있는 특별인출권(에쓰, 디, 아르)과 같은 합성통화단위 가치의 결정방식을 말하고, 국제금융시장에서 미국딸라가 기준통화로 통용되는데, 미국 딸라의 가치가 급격한 하락으로 국제금융시장이 불안하게 되자 국제통화기금성원국들은 1974년 7월부터 에쓰, 디, 아르의 가치를 미국 딸라에 고정시키지 않고 미국 딸라 대신에 16개의 주요 자본주의나라 화폐들의 가치를 가중평균 하는 방식으로 결정하도록 하였다.

표준바구니방식에 참가하는 나라와 통화는 1966~1972년 사이의 5년 간 세계무역과 봉사(판매)의 평균수입액이 국제통화기금 가맹국들의 총수입액의 1% 이상을 차지하는 나라(미국, 영국, 서독, 프랑스, 일본, 카나다(캐나다), 이딸리아(이탈리아), 화란(네델란드), 벨지끄(벨기에), 스웨리예(스웨덴), 오스트랄리아(호주), 단마르크(덴마크), 노르웨이, 에스빠냐(스페인), 오지리(오스트리아), 남아프리카) 등16개 나라의 화폐로 정하였다. 이 화폐들의 가치를 가중평균하는것을 표준바구니방식이라고 부른다.

[출처] 재정금융사전 (사회과학출판사 1995) p1189~1190

남 ▸▸ SDR(Special Drawing Rights)은 특별인출권과 각국 통화의 교환비율을 결정하기 위하여 1974년 7월부터 새롭게 도입된 제도이다. 1967년 9월 SDR 창설당시 그 가치는 당시의 미국 달러 가치와 동등하게 1 SDR = 1$ 미국달러 = 금(Gold) 0.888671g(0.237돈쭝)으로 정해졌으나 이후 국제적인 통화가치 변동 및 금(Gold)의 공정가격과 자유가격의 괴리, 그리고 1971년 8월 닉슨성명에 의하여 미국달러의 불태환[1] 조치 등으로 SDR도 금(Gold)과 링크할 수 없게 되었다.

따라서 IMF 협약의 등가교환원칙[2]에 의해 1974년 7월부터 SDR가격을 미국달러뿐만 아니라 주요 16개국 통화의 가중평균에 결부시키게 되었는데 이를 표준바스켓(Basket)방식이라고 말한다.

그 후 각 통화의 계산을 간편하게 하기위하여 1981년 1월부터 미국달러·독일 마르크·프랑스 프랑·영국 파운드·일본 엔 등 5개 통화의 가치만을 가중평균[3] 하는 방식으로 변경되었다. 또한 표준바스켓(Basket)방식은 주로 국제통화기금(IMF: International Monetary Fund)의 특별 인출권이나 유럽 통화 단위를 산정할 때 사용하는 방식을 말한다.

[출처] 금융실무대사전 I (한국금융연수원 2006) p815~816

---

1) 태환은 화폐를 금과 교환할 수 있는 것을 말하는데, 불태환은 태환의 반대의미로서 1971년 8월 미국의 닉슨대통령이 더 이상 달러를 금으로 교환해줄 수 없다고 선언하여 터진 시장의 쇼크로서 일반적으로 불태환 화폐는 금과 교환이 불가능한 1971년 닉슨 쇼크 이후의 달러를 말하고, 태환화폐는 금과 교환이 가능했던 1971년 이전의 달러를 의미한다.
[출처] 경제용어사전(더난출판사 2017) p398~399

2) 등가교환은 상품의 가치와 가격(화폐량)이 일치하는 교환을 말하는데 상품과 상품의 가치를 정산하는 화폐가 적거나 많을때는 그 화폐량을 조절하여 상대가치를 일치시키고, 상품과 상품을 교환하는 경우에 차이가 발생하는 부분은 화폐로 주거나 받아서 상대의 가치와 일치시켜서 교환하기도 한다.
[출처] 네이버지식백과(2018.7.4 인터넷검색)

3) 중요한 항목에 허용하는 대푯값을 말하는데 중요도나 영향도에 해당하는 각각의 내용에 가중치를 곱하여 구하는 평균값을 말한다.
[출처] 금융실무대사전 I (한국금융연수원 2006) p8~9

28 회계검증(회계검토) ⇔ 회계감사

북 ▸▸ 개성공업지구에서 소득을 얻은 기업은 기업소득세를 확정납부 하기 전에 년간 회계결산서에 대한 회계검증을 받아야 한다. 년간판매 및 봉사수입금액이 300만US$ 아래인 기업은 회계검증을 받지 않을 수도 있다.

[출처] 최신북한법령집: 개성공업지구세금규정(북한법연구회 2018) p1615

㈜ 회계검증은 회계감사나 회계검열이라는 의미가 있다. 북한의 개성공업지구에서만 실시하는 회계감사 기준에 대한 내용으로서 용어설명이 아닌 감사 대상 범위내용을 기재 하였음.

남 ▸▸ 회계담당자가 작성한 회계 관련기록을 독립된 제3자가 회계기록의 적정성여부를 분석파악하고 이에 대한 적정에 대한 의견 피력이나, 부적정에 대한 비판적인 의견을 나타내는 일련의 행위를 말한다.

국내에서는 자산총액 100억 원 이상 법인기업, 자산총액 70억 원 이상이고 부채총액 70억 원 이상 법인기업 또는 종업원 수 300명 이상 법인기업, 상장회사나 상장 예정법인은 반드시 기업과 이해관계가 없는 외부의 회계사로 하여금 외부감사를 받아 감사결과 보고서를 금융감독원 등에 제출토록 하고 있다.

[출처] 네이버지식백과 (2018.7.4 인터넷 검색)

10

기타

검은돈(지하금융) ⇔ 블랙머니(Black Money)

되거리 ⇔ 재판매

륜전기재 ⇔ 수송기재(수송차량)

모사수표 ⇔ 서명날인(기명날인)

모체공장 ⇔ 부품조립공장

미성품 ⇔ 미완성품

봉사 ⇔ 용역, 제조, 판매(비 공업분야)

어미회사 ⇔ 모회사

인즙(도장즙) ⇔ 인주(도장밥)

전도금 ⇔ 선도금(선급금, 착수금)

조월 ⇔ 이월

주먹돈 ⇔ 뭉칫돈(목돈)

탐오랑비 ⇔ 공금횡령

10 기타

1 검은돈(지하금융) ⇔ 블랙머니(Black Money)

북 ▸▸ 비법적인 암거래, 강도행위 등 범죄행위를 통하여 부정하게 축적되여 예금과 투자를 공개적으로 할 수 없는 화폐자본을 말한다.

[출처] 재정금융사전 (사회과학출판사 1995) p49, 1034~1035

남 ▸▸ 한 사회에서 정상적인 과정을 거치지않고 불법 또는 음성적으로 유통되는 자금을 말한다. 일반적으로 블랙머니는 금융기관 등을 거치지 않고 허가받지 않은 대부업자를 중심으로 자금이 유통되는데 이러한 돈은 막대한 세금 회피나 현행법으로 허가받지 않았거나 또는 받지 못하는 불법적인 사업(예를 들면, 마약사업이나, 사행성 도박업, 보이스 피싱 등으로 불법 취득한 자금, 기업의 비자금 등)으로부터 생기는 자금으로 주로 흔히 지하경제라고 일컫는 불법 사채시장에서 유통되고 있다.

정부나 금융기관 정책으로 인하여 자금의 과소공급, 과대투자, 소비수요 급증으로 인하여 금융기관에서의 낮은 이자의 저렴한 자금은 대출받기가 어려운 경우뿐 아니라, 정부나 금융기관에서 시중에 자금을 충분하게 공급하지 못하여 자금이 필요한 기업이나 개인은 높은 금리의 이자를 부담하면서까지 사채시장에서 자금을 융통 받기도 한다. 따라서 이와 같은 경제 구조하에서는 어쩔 수 없이 사채시장이 존재

할 수밖에 없게 되고 블랙머니도 당연히 유통될 수밖에 없다.

[출처] 네이버지식백과 (2018.7.5 인터넷 검색)

2 되거리 ⇔ 재판매

북 ▸▸ 물건을 눅은 값으로 사서 다시 비싼 값으로 팔아넘기는 거래형태로서 상품가격이 지역별, 시기별로 같지 않는 데로부터 생기는 것으로 되거리는 한지역의 물건을 눅게 사서 다른 지역에 높은 가격으로 다시 팔아넘기거나 물건 값이 눅을 때 사서 보관하다가 물건 값이 올라가는 시기에 높은 값으로 팔아넘겨서 리윤을 보는 거래 형태를 말한다.

[출처] 경제사전 1 (사회과학출판사 1985) p466,
남북통일말사전 (두산동아 2006) p429

남 ▸▸ 물품을 사온 상품에 이윤을 붙여서 되파는 행위를 말하는데 물건이 저렴하게 거래되는 지역이나 기간(시점)에 싼값으로 구입해서 비싸게 팔거나 비싸게 거래되는 시기에 되파는 행위를 말한다.

3 륜전기재 ⇔ 수송기재(수송차량)

북 ▸▸ 기관차, 객차, 화차, 자동차, 오토바이, 자전거 등과 같이 바퀴로 움직이는 운송기재를 말한다.

[출처] 남북통일말사전 (두산동아 2006) p445

남 ▸▸ 수송수단을 말하는 것으로 주로 자전거, 오토바이를 포함하여 기차, 전철, 자동차 등을 말한다.

4 모사수표 ⇔ 서명날인(기명날인)

북 ▸▸ 서류의 문건상에 도장으로 찍거나 또는 인쇄를 하는 등의 수표 하는 것을 말한다. 실례를 들어 은행에서는 행표와 같은 증권에 모사수표를 하면 그것이 수익인의 위임에 의하여 찍혔는가를 보증할 수 없기 때문에 은행에서 인정하는 적절한 보증인이 없는 한 은행에서는 모사수표한 행표는 접수하지 않는 것이 관례이다.

[출처] 재정금융사전 (사회과학출판사 1995) p486

남 ▸▸ 문서상에 자기의 이름 또는 회사이름을 기재하거나 인장을 찍는 것을 말한다. 이는 책임소재를 명확히 하기위한 행위로서 문서의 내용을 확인하고 이를 이행하고 책임진다는 뜻으로 하는 것이다.

세부적으로 부연설명을 한다면 모사전송은 팩시밀리로 문자나 원고 등 문서를 전기적인 신호로 변환하여 전기통신장치(전화선 등)를 통해 전송하고 이를 다시 원래의 이미지로 복원하는 것을 말하는데, 여기에서 모사의 의미는 서류나 문서를 의미하고 수표는 서명을 의미한다고 할 수 있다. 따라서 위의 모사수표는 서류상에 서명 등으로 확인을 명확히 하는 행위를 뜻한다.

5 모체공장 ⇔ 부품조립공장

북 ▸▸ 자기산하에 부분품 또는 부속품을 생산하는 몇 개의 산하 분공장들을 두고 그것들이 생산한 반제품을 고정적으로 받아서 일정한 제품을 조립 완성하여 생산하거나 산하에 둔 분공장들의 경영활동을 일상적으로 지도하는 기술적 토대가 튼튼하고 규모가 큰 공장을 말한다.

[출처] 경제사전 1 (사회과학출판사 1985) p564,
남북통일말사전 (두산동아 2006) p460

남 ▸▸ 완제품까지의 과정 중 생산성 향상이나 비용절감을 위하여 자기회사에서 부품을 직접 생산하지 않고 일부 또는 다수의 부품을 다른 회사나 공장으로부터 부속재료를 납품받아 조립하여 완성품을 만들어서 납품하는 공장을 말한다.

최근에는 인건비나 기타 생산비용 절감 등을 위해서 국내에서 부품들을 생산 또는 조달(구입 또는 납품받음)해서 조립에 필요한 많은 기술이 필요하지 않은 제품은 해외의 단순 조립만을 하는 공장으로 부품들을 보내고, 해외에서는 그 재료나 부품들을 받아서 완제품으로 조립하는 형태로 많이 운영되고 있다.

이와 같이 현재는 북한의 모체공장과는 반대의 의미로 운영하는 형태로 변모되어가고 있다. 이로 인하여 부품납품 업체가 조립공장을 통제 관리하는 형태로 바뀌어져 가는 현상도 발생하고 있다. 위와 같이 운영하는 목적은 단지 생산단가를 낮추는 효과도 있지만 제품을 조립하는 해외 현지에서 부품을 생산하지 않는 것은 부품생산에 따른 기술유출 등의 예방효과도 있다고 할 수 있다.

[출처] 네이버지식백과 (2018.7.5 인터넷 검색)

6 미성품 ⇔ 미완성품

북 ▸▸ 개별직장이나 기업소들에서 가공을 완전히 끝내지 못하였거나 아직 가공 중에 있는 생산물로서 생산 공정이 복잡하거나 공정주기가 아주 길어서 기계설비들에 물려있는 생산물이나 한 공정에서 가공이 끝나고 다음공정의 가공생산을 기다리는 물품을 말한다. 일반적으로 기업소들에서 재생산 과정의 특성으로 하여 필수적으로 있게 되는 재산형태를 말한다.

[출처] 경제사전 1 (사회과학출판사 1985) p583~584,
재정금융사전 (사회과학출판사 1995) p517~519

남 ▸▸ 아직 완성되지 않았거나 완성되기 전의 작품이나 물품으로서 공장에서 제품을 생산하는 과정 중에 대기하고 있거나 추가공정이 진행되고 있는 상품을 말한다.

예를 들면 조선소에서 배를 건조하는 과정중에 있는 선박, 휴대폰을 조립하는 과정중에 있거나 조립은 완성되었어도 포장이 아직 완결되지 않은 제품, 자동차조립 공정은 끝났으나 자동차에 도색(페인트칠)이 아직 완료되지 않은 차량 등을 포함한 다양한 사례가 있을 수 있다.

7 봉사 ⇔ 용역, 제조, 판매(비 공업분야)

북 ▸▸ 생활편의를 보장하기 위한 상품공급, 여객운수 및 주민들에게 봉사하는 체신, 보건, 문화후생 등의 부문에 대한 활동을 말하는 사회적 로동의 하나로서 봉사는 설비의 수리 및 자재의 부문적 가공과 같은 공업적인 성격과는 다른 로동으로서 사람들의 일상생활을 위한 필수적인 활동을 말한다.

[출처] 경제사전 1 (사회과학출판사 1985) p620~621

남 ▸▸ 가정에서나 소규모상점 등에서 음식이나 물건 등을 제조하여 판매하는 것을 말한다. 또는 한 개인이 어느 회사나 기관과 계약하거나 소속되어 일을 하는 것들도 포함된다.

예를들면 가내수공업으로 이루어지는 방앗간, 떡집, 커피숍, 식당, 택배배달, 편의점, 이발소 등의 소규모 장소에서 일하는 노동력 제공과 함께 판매를 통한 수익창출 등 일련의 경제활동 행위를 포함한 의미를 말한다.

공장이나 대형시설물에서 기계들을 사용하여 가공하거나 수리하는 등의 공업적인 분야에서 발생되는 것은 제외된다고 할 수 있다.

8 어미회사 ⇔ 모회사

북 ▸▸ 자기 자본의 출자로 다른 회사를 지배하는 회사로서 참여제도[1]에 의하여 새끼회사(딸회사), 손자회사를 지배하는 회사를 말한다.

[출처] 남북통일말사전 (두산동아 2006) p534

남 ▸▸ 의결권 주식에 의한 소유(M&A)를 통하여 자회사를 통제하거나 실질적으로 자회사를 소유하고 있는 회사로서 대개는 자신의 권리로 회사를 운영하는 우두머리격의 회사를 말한다.

[출처] 경제용어사전 (더난출판 2010) p319

9 인즙(도장즙) ⇔ 인주(도장밥)

북 ▸▸ 도장을 찍는 데 리용하는 붉은빛의 재료나 액체를 말한다.

[출처] 남북통일말사전 (두산동아 2006) p425, 557

남 ▸▸ 얇은 종이나 솜 같은 물건에 붉은색 안료와 아주까리기름을 넣어서 만드는데 도장을 찍기 위해서 묻히는 붉은 약물을 말한다. 도장밥이라고도 한다.

1) 참여제도는 M&A를 말한다. 참여제도와 M&A는 증권편에 상세하게 설명되어 있음.

10 전도금 ⇔ 선도금(선급금, 착수금)

북 ▸▸ 수요자가 물자구입 또는 봉사를 제공받기에 앞서 공급자에게 그 대금(요금)의 일부 또는 먼저 주는 돈으로 전수금에 대응되는 개념이다. 전도금 지불은 주문에 의한 상품, 봉사, 거래에서 널리 적용되고 있다.

전도금의 지불은 공급자와 판매자사이에 상품(봉사)주문계약을 맺을 때 다른 계약조건과 함께 전도금 지불에 대한 약정을 하고 주문한 상품(용역)을 받기 전에 그 대금의 일부 또는 전액을 전도금으로 주고받는다.

이러한 전도금은 상품(용역)을 제조하기 위하여 원재료를 구입하는데 사용하거나 봉사를 순조롭게 진행하도록 로동자들의 로동에 대한 로임을 대신 또는 우선적으로 지급하는 형태이고 부동산을 거래할 때 선불금과의 성격은 유사하지만 대상이나 목적은 다르다고 할 수 있다.

[출처] 재정금융사전 (사회과학출판사 1995) p912

남 ▸▸ 일반적으로 용역이나 상품구입의 대금을 분할하여 전달하기로 하였을 때 먼저 지급하는 선수금(미리 돈을 받는 의미)과는 반대되는 개념의 금액을 말한다.

수입거래에서 수입상이 수출상에게 지급하는 선도금(사전에 돈을 주는 의미) 또는 건설용역거래에서 공사업체나 업자에게 지급하는 돈으로, 선도금을 말하며 그 외에 착수금, 전도금, 선급금이라고도 한다.

[출처] 금융실무대사전 II (한국금융연수원 2006) p553

11 조월 ⇔ 이월

북 ▸▸ 기초년도나 일정한 단위 기간에 끝맺지 못하거나, 또는 특별한 사유로 그 일을 하지 않고서 다음 계획년도나 다음 기간으로 넘기거나 넘어가는 일을 말한다.

[출처] 남북통일말사전 (두산동아 2006) p574

남 ▸▸ 당해 연도(금년)에 마치지 못하여 다음 연도로 옮기는 것을 말한다. 한 쪽면의 합계를 다음 쪽면(다음페이지)으로 넘기는 일을 말하기도 한다.

[출처] 네이버지식백과 (2018.7.7 인터넷 검색)

12 주먹돈 ⇔ 뭉칫돈(목돈)

북 ▸▸ 꽤나 상당히 많은 돈을 말한다. 주로 많은 돈을 가진 돈주들이 사용하는 용어이다.

[출처] 남북통일말사전 (두산동아 2006) p576

남 ▸▸ 상당히 액수가 큰돈으로 하고자 하는 어떤 목적을 해결 할 수 있을 정도의 많은 돈을 뜻한다.

[출처] 네이버지식백과 (2018.7.7 인터넷 검색)

13 탐오랑비 ⇔ 공금횡령

북 ▸▸ 국가 재산이나 사회의 공동 재산을 비법적으로 남모르게 빼돌려 자기 것으로 차지하여 삼는 행위를 말한다.

[출처] 남북통일말사전 (두산동아 2006) p602

남 ▸▸ 공금횡령 또는 공금유용이라 하며, 국가나 공공단체 또는 소속된 회사나 기관이 공동의 목적으로 마련한 자금 또는 자신이 소속된 회사의 운영자금 즉 공금을 불법으로 가로채거나 사용하는 것을 의미하는 것으로 자신의 소유가 아닌 것을 임의로 차지하는 것을 뜻한다.

부록

01 금융기관 업무 정의

02 금융회사별 현황

03 대출 상환 및 이자계산

04 금융소득에 의한 이자 지급과 원천징수(세금징수)

05 세율표

01 금융기관 업무 정의

1. 은행

1) 은행(국내은행)

은행법 기타 관계 법률의 범위안에서 은행이 영위할 수 있는 업무를 말하며 은행업무의 범위는 ① 예금·적금의 수입 또는 유가증권 기타 채무증서의 발행 ② 자금의 대출 또는 어음의 할인 ③ 내·외국환 ④ 이상의 업무에 부수되는 업무로 되어있다. 그밖에 은행이 겸영할 수 있는 업무에는 ① 신탁업법에 의한 신탁업무 ② 여신전문금융업법에 의한 신용카드업무 ③ 간접투자 자산운용법의 규정에 의한 자산운용회사의 업무 및 판매회사의 업무 ④ 기타 은행 업무와 관련이 있는 업무 등이 있다.

국제적으로는 그 나라가 겸업은행제도(Universal Banking System)를 취하는지, 전문은행(Sound Banking System)를 취하는지에 따라 은행업무의 범위가 달라진다. 전통적으로 독일, 스위스, 프랑스 등은 겸업은행제도를 채택하여 은행이 증권·보험업무까지 겸영하고 있는데, 전문은행제도를 채택한 미국·일본·한국에서도 국제경쟁력 강화차원에서 은행업무의 겸업화 현상이 큰 진전을 보이고 있다.

[출처] 금융실무대사전 I (한국금융연수원 2006) p552,
금융실무대사전 II (한국금융연수원 2006) p772

2) 외국은행(국내지점)

외국법령에 의하여 설립되어 외국에서 은행업을 영위하는 외국은행이 금융당국의 인가를 받아 국내에서 은행업을 영위하기 위하여 외국은행의 국내에 설치하는 국내지점을 말한다.

외국은행 국내지점은 은행법에 의한 금융기관(은행)으로 본다. 그러나 외국은행 국내지점은 외국은행에 소속된 하나의 영업소에 불과할 뿐이므로 독립된 법인으로 되는 것도 아니며, 법률관계에 있어서는 당해 외국은행이 법인격의 주체가 된다. 그러나 은행법은 책임관계에 대해서는 외국은행 국내지점을 독립된 단위로 취급하고 국내채권자를 보호하는 규정을 두고 있다.

외국은행 국내지점이 청산 또는 파산한 때에는 그 자산 등을 대한민국 국민과 국내 외국인에 대한 채무변제에 우선 충당 되어야 한다. 또한 국내 금융기관중 일반은행은 은행법에 의해 설립된 금융기관으로서 전국을 영업구역으로 하는 시중은행과 영업구역이 원칙적으로 소재지인 도·광역시로 제한되어 있는 지방은행, 외국은행 국내지점으로 구성되어 있다.

[출처] 금융실무대사전Ⅰ(한국금융연수원 2006) p498~499,
금융실무대사전Ⅴ(한국금융연수원 2006) p629

2. 보험

1) 생명보험

생명보험업은 사람의 생존 또는 사망에 관하여 약정한 급여의 제공을 약속하고 금전을 수수하는 것을 업으로 행하는 보험회사를 말한다. 보험업을 영위하고자 하는 자는 보험종목별로 금융감독위원회의 허가를 받아야 한다. 생명보험업의 보험업종은 생명보험, 연금보험(퇴직보험 포함) 그밖에 대통령령이 정하는 보험종목이다. 보험업의 허가를 받을 수 있는 자는 주식회사·상호회사와 외국보험회사에 한하며, 외국보험회사의 국내지점은 이법에 의한 보험회사로 본다.

생명보험은 상품의 설계나 추가보장계약(특약)에 따라 다양한 특징을 갖고 있으나 원칙적으로 보험사고로 인한 실제손해액을 지급하는 손해보험과는 달리 보험사고시 또는 손해의 발생 여부에 관계없이 일정 기간 경과 후 계약자에게 약정된 보험금을 지급한다.

생명보험회사의 주된 투자자산은 채권, 주식 등 유가증권과 대출금, 현금·예금, 이밖에 부동산 등이다. 생명보험회사의 부채는 기간이 장기이므로 부채와의 기간일치를 위해 자산도 장기성 자산이 많다.

[출처] 금융실무대사전 I (한국금융연수원 2006) p348,
금융실무대사전 II (한국금융연수원 2006) p542

2) 손해보험

손해보험업은 우연한 사고(질병·상해 및 간병제외)로 인하여 발생하는 손해의 보상을 약속하고 금전을 수수하는 것을 업으로 행하는 보험회사를 말한다. 손해의 보상을 약속하고 금전을 수수하는 것에는 매매·고용·도급 그 밖의 계약에 의한 채무 또는 법령에 의한 의무 이행에 관하여 발생할 손해를 보상할 것을 채권자 그 밖의 의무자로부터 그 보수를 수수하는 것을 포함한다.

손해보험은 재난으로부터 발생하는 재산상의 손실위험에 대처하기 위한 상호 보장적 성격의 제도로 현재 대한민국에서 취급하는 손해보험의 종류는 화재보험, 해상보험, 자동차보험(항공·운송보험 포함), 신원·

계약이행·채무이행·납세 등의 보증보험, 재보험, 책임보험, 기술보험, 부동산권리보험, 보험기간 중 보험사고가 없더라도 만기시 환급금을 지급하는 장기손해보험, 상해·도난·원자력·배상책임·건설공사 등 특종보험(Casualty Insuranece) 등 다양한 종류가 있다.

손해보험회사의 부채는 보험계약준비금과 보험미지급금이 대부분을 차지하고 있다. 손해보험회사의 주된 자산운용대상은 주식, 채권 등 유가증권과 대출금, 현금·예금 및 부동산 등이다. 특히 생명보험사에 비해 현금·예금의 구성 비율이 상대적으로 높은데 이는 생명보험 상품과는 달리 손해보험 상품은 만기가 통상 1년 이내로 매우 짧기 때문에 유동성 확보 차원에서 현금·예금의 보유 비중을 높이고 있기 때문이다.

[출처] 금융실무대사전 I (한국금융연수원 2006) p379,
금융실무대사전 II (한국금융연수원 2006) p594

3. 금융투자

1) 증권사

직접금융시장에서 기업이 발행한 증권을 매개로하여 투자자의 자금을 기업에 공급하는 기능을 수행하는 금융회사로 증권거래법상으로는 증권업을 영위하는 자를 말한다. 증권거래법에서는 증권회사에 대하여 진입규제, 조직규제, 재무규제, 업무규제, 부당권유 등 금지, 금융감독위원회에 의한 감독 등에 대하여 규정하고 있다.

증권업이라함은 ① 유가증권의 매매 ② 유가증권의 위탁매매 ③ 유가증권매매의 중개 또는 대리 ④ 외국증권시장에서의 매매거래에 관한 위탁의 중개·주선·대리 ⑤ 유가증권의 인수 ⑥ 유가증권의 매출 ⑦ 유가증권의 모집 또는 매출 주선 등의 영업을 말한다. 증권회사는 증권업

이외에 겸영업무인 신용공여 업무와 증권저축업무, 금융업무로서 당해 금융관련법령이 정하거나 금융감독위원회가 인가한 업무, 기타 부수업무 등을 영위할 수 있다.

증권회사는 증권업의 종류(자기매매, 위탁매매중개, 인수·매출·모집 추천, 전자장외증권 중개)별로 금융감독위원회의 허가를 받은 주식회사이어야 하며, 영업의 범위에 따라 일정액 이상의 자본금을 갖추어야 한다.

[출처] 금융실무대사전 I (한국금융연수원 2006) p706,
금융실무대사전 II (한국금융연수원 2006) p977,
금융실무대사전 V (한국금융연수원 2006) p835

2) 선물사

선물업이라 함은 선물거래와 해외선물거래를 자기의 계산으로 하거나 위탁받아 하는 영업 또는 그 위탁 중개·주선 또는 대리를 하는 영업을 말하며, 선물업자라 함은 선물거래법에 의하여 허가를 받고 선물업을 영위하는 자를 말한다.

선물거래법에서 정의하는 선물거래란 일반적으로 말하는 협의의 선물계약과 상장옵션계약 등 상장파생상품과 이와 유사한 것의 거래를 포괄하는 광의의 개념으로 실질적으로는 모든 상장파생상품과 해외선물거래를 포함하는 개념이다.

선물업자의 유형은 각국별로 차이를 보이고 있다. 영업형태와 관련하여 관련법률에 의하여 특별히 영업형태를 세분하여 선물업자를 따로 지정하는 이른바 전업형태의 미국 방식과 선물거래소의 회원자격요건이 지정하는 바에 따라 선물거래업을 동시에 허용하는 일종의 겸업형태인 일본과 유럽 일부 국가들의 방식으로 분류될 수 있다.

엄격한 전업형태를 취하고 있는 미국의 경우 선물업자별로 영업형태 및 자격요건을 세부적으로 정하고 있는바, 선물중개회사(FCM : Futures Commission Merchant), 선물중개대리업자(IB : Introducing Broker), 선물투자자문사 (CTA : Commodity Trading Advisor) 등이 그것이다.

[출처] 금융실무대사전 I (한국금융연수원 2006) p358~359,
금융실무대사전 II (한국금융연수원 2006) p550

3) 자산운용사

자산운용회사는 투자신탁의 위탁자가 되거나 투자회사의 법인 이사가 되어 간접투자재산의 운용을 업으로 하는 자로서 금융감독위원회의 허가를 받은 자를 말한다. 자산운용회사가 될 수 있는 자는 상법상의 주식회사 또는 대통령령이 정하는 금융기관이어야 한다. 과거 증권투자신탁법에 의한 위탁회사(통상적으로 증권투자신탁회사, 또는 간략히 투신사)와 증권투자회사법에 의한 자산운용회사가 합쳐진 개념이다.

자산운용회사는 간접투자의 운용주체로서 ① 투자신탁의 설정·해지 ② 투자신탁재산의 운용·운용지시 ③ 투자회사(뮤추얼펀드)의 재산운용 ④ 자기가 운용하는 간접투자기구의 간접투자증권의 판매를 업무로 영위할 수 있다. 그리고 고객이 자산운용회사를 선택하려면 ① 운용시스템 ② 자산운용회사의 운용 철학 ③ 운용조직과 시스템 ④ 펀드매니저 ⑤ 운용실적을 살펴보아야 한다. 특히 자산운용회사의 선정에 있어서는 그 회사의 주주나 최고경영자보다 실제로 펀드의 운용을 담당하는 펀드매니저가 누구냐 하는 것이 더욱 중요하다.

펀드매니저의 평가요소로는 펀드매니저의 운용 철학, 운용스타일, 과거운용실적, 윤리관 등을 들 수 있는데 이중 계량적인 분석이 가능한 운용실적을 상세히 검토해야 한다. 펀드매니저의 과거수익률로 상승장세, 보합장세, 하락장세시의 수익률을 따져보고 종합주가지수나 다른 펀드매니저의 운용실적과 비교해 보아야 한다. 시장흐름에 관계없이 꾸준한 수익률을 내는 펀드매니저가 우수한 펀드매니저라고 할 수 있다.

[출처] 금융실무대사전 I (한국금융연수원 2006) p610~611,
금융실무대사전 II (한국금융연수원 2006) p841,
금융실무대사전V(한국금융연수원 2006) p745

4) 투자자문사

동일한 자산운용행위에 대하여 동일한 규제를 하고, 투자자 보호 장치를 강화하여 자산운용산업에 대한 투자자의 신뢰를 회복할 수 있도록 할 목적으로 간접투자자산운용법이 2003년 10월 제정 되었고, 이에 따라 증권거래법의 투자자문업 또는 투자일임업에 관한 규정이 동법으로 이관되면서, 투자자문업의 자문 투자일임업의 일임대상을 유가증권외에 파생상품거래 등으로 확대하는 한편, 겸업제한 등 투자자 보호를 위한 규제를 강화하였다.

투자자문업 이라 함은 대통령령이 정하는 자산의 가치 또는 투자자문자산에 대한 투자판단(투자대상이 되는 투자자문자산의 종류·종목·수량 및 가격과 매매의 구분·방법 및 시기 등에 대한 판단을 말한다)에 관하여 구술·문서 그 밖의 방법으로 조언을 하는 영업을 말한다. 다만, 불특정다수인을 대상으로 하여 발행되는 간행물·전자우편 등에 의한 조언으로서 대통령령이 정하는 것을 제외한다.

투자일임업 이라 함은 고객으로부터 투자자문자산의 가치 등의 분석에 기초한 투자판단의 전부 또는 일부를 일임받아 그 자를 위하여 투자하는 영업을 말한다.

투자자문회사는 일반투자자의 증권투자를 용이하게 함으로써 증권시장의 수요기반 확충에 기여하고, 전문투자자문기관의 과학적인 투자분석을 통한 거래에 의하여 증권시장의 건전한 투자질서 확립에 기여하는 역할을 한다.

[출처] 금융실무대사전 II (한국금융연수원 2006) p1095

5) 부동산신탁

신탁업법의 규정에 의하여 부동산 신탁업의 인가를 받은 부동산 신탁 전업회사를 말한다. 신탁은 그 수탁자산에 따라 금전신탁·유가증권신탁·금전채권신탁·부동산신탁 등으로 분류할 수 있으며, 부동산신탁회사는 이중 부동산신탁에 특화한 신탁회사이다.

수탁자(부동산신탁회사)와 위탁자(부동산소유자)가 신탁계약을 체결하고 그 부동산을 관리, 처분, 개발하여 발생하는 수익을 수익자에게 교부하고 부동산신탁회사는 그 대가로 수수료(신탁보수)를 취득하게 된다.

부동산신탁회사의 경우 인가조건으로 수탁대상자산이 동산, 토지 및 그 정착물, 전세권 및 임차권으로 제한되어 있다. 부동산신탁회사는 인가조건으로 그 수탁가능재산이 부동산 등으로 제한됨에 따라 현재 부동산을 수탁 받아 그 관리, 처분, 개발을 대행하는 업무(부동산담보신탁, 부동산관리신탁, 부동산처분신탁, 부동산토지신탁)를 수행하고 그 부수업무로서 주로 부동산컨설팅, 대리사무, 부동산매매의 중개 등을 수행하고 있다.

[출처] 금융실무대사전 I (한국금융연수원 2006) p289~290,
금융실무대사전 II (한국금융연수원 2006) p460,
금융실무대사전 V (한국금융연수원 2006) p398

6) 종합금융회사

기업에 대한 종합적인 금융지원을 원활하게 하고 금융산업을 균형 있게 발전시키기 위하여 종합금융회사에 관한 법률에 의거하여 설립된 회사로 단기금융업무, 국제금융업무, 설비 또는 운전자금의 투·융자업무, 유가증권의 인수·매출·모집 또는 매출의 주선 등의 업무를 수행한다.

경제규모가 확대되고 기업의 자금수요가 점차 복잡·다양화됨에 따라 이를 충족시키는 데 필요한 민간 중심의 외자조달의 창구를 마련하고, 기업에 대한 복합적인 금융서비스를 제공하고자 영국의 머천트뱅크(Merchant Bank)와 미국의 투자은행(Investment Bank)을 모델로 하여 설립되었다.

1976년 4월 한국종합금융(주)이 최초의 종합금융회사로 설립되었으며 1979년까지 5개 종합금융회사가 추가로 설립되어 1990년대 초반까지 6개 회사 체제가 유지되었다.

1990년대 들어서는 금융산업 개편의 일환으로 투자금융회사가 종합금융회사로 전환되었는데 1994년 중 지방소재 9개 투자금융회사가 1996년에는 15개 투자금융회사가 종합금융회사로 전환되어 1997년 말에는 종합금융회사의 수가 30개에 달하였다. 그러나 외환위기 이후 종합금융회사에 대한 구조조정이 진행된 결과 22개사가 인가 취소되고 7개사가 피합병 되었으며, 1개사가 신설되었던 역사를 가지고 있다.

[출처] 금융실무대사전 I (한국금융연수원 2006) p679,
금융실무대사전 II (한국금융연수원 2006) p922~923

4. 여신전문금융

1) 신용카드사

신용카드업이라 함은 신용카드 이용과 관련된 대금의 결제를 포함하여 신용카드의 발행 및 관리 또는 신용카드가맹점의 모집 및 관리 등 두 가지 이상의 업무를 업으로 행하는 것을 말한다. 다른 여신전문금융회사(리스회사·할부금융회사·신기술사업금융회사)는 등록하도록 하는데 반하여 신용카드회사는 지급결제 기능을 가지고 있음에 따라 신용질서 유지와 소비자 보호를 위하여 금융감독위원회의 허가를 받아야 한다.

자금조달 방법으로는 금융기관으로부터의 차입, 사채 또는 어음의 발행, 보유하고 있는 유가증권의 매출, 보유하고 있는 대출채권의 양도에 한하며 일정한 경우 그 방법 또는 대상을 제한할 수 있다고 규정하고 있다.

신용카드회사는 고유한 신용카드업 외에 신용카드회원에 대한 자금의 융통, 직불카드의 발행 및 대금의 결제, 선불카드의 발행·판매 및 대금의 결제 등을 부대업무로 영위할 수 있다. 그리고 여신전문금융회사로서 신용카드업과 함께 매출채권 양수 등 업무, 대출업무 등을 영위할 수 있다.

[출처] 금융실무대사전 II (한국금융연수원 2006) p629,
금융실무대사전 V (한국금융연수원 2006) p554

2) 리스사

여신전문금융업의 종류로서 시설대여업과 연불판매 업무를 행하는 자를 말한다. 시설대여라 함은 대통령령이 정하는 물건을 새로이 취득하거나 대여 받아 거래상대방에게 일정 기간 이상 사용하게 하고, 그 기

부록

간에 걸쳐 일정 대가를 정기적으로 분할하여 지급받으며, 그 기간 종료 후의 물건의 처분에 대하여는 당사자간의 약정으로 정하는 방식의 금융을 말한다.

연불판매라 함은 특정물건을 새로이 취득하여 거래상대방에게 인도하고, 그 물건의 대금·이자 등을 일정 기간 이상에 걸쳐 정기적으로 분할하여 지급받으며, 그 물건의 소유권 이전시기 기타 조건에 대하여는 당사자간의 약정으로 정하는 방식의 금융을 말한다. 금융감독위원회에 등록할 의무는 없으나 일정한 자본금 요건하에 금융감독위원회에 등록할 경우 여신전문금융업법의 적용을 받는다.

[출처] 금융실무대사전 II (한국금융연수원 2006) p322~323

3) 할부금융사

재화와 용역의 매매계약에 대하여 매도인 및 매수인과 각각 약정을 체결하여 매수인에게 융자한 구매자금을 매도인에게 지급하고 매수인으로부터 그 원리금을 분할하여 상환받는 방식의 금융을 할부금융이라 한다.

할부금융업은 이러한 할부금융을 업으로 영위하는 것을 말하고, 할부금융업을 영위하는 자를 할부금융업자라고 한다. 할부금융업자로서 여신전문금융업법의 적용을 받기 위해서는 금융감독위원회의 등록을 하여야 한다.

할부거래의 광의의 의미는 거래대금을 일정한 주기로 분할하여 지급하는 조건의 모든 거래를 총칭하나, 협의의 의미로는 광의의 할부거래 중 할부거래관한 법률의 적용을 받는 할부거래계약상의 할부거래만을 의미한다.

할부거래는 필요한 물건이나 용역을 공급받고자 하나 그 거래대금을 일시불로 지급할 수 없는 경우에 일정기간동안 소액으로 분할하여 지급함으로써 수요자나 공급자 모두에게 유익한 거래라고 할 수 있다.

소비자인 일반인을 상대로 하는 할부거래에 있어서는 계약체결 당시에 한꺼번에 거래대금을 지급하지 않아도 된다는 점에서 소비자가 경솔하게 계약을 체결할 수가 있고 또한 공급자가 전문적 지식이 없는 소비자를 상대로 불공정거래를 할 소지가 많다. 이에 할부거래에 관한 법률에서는 할부거래의 공정성을 확보함으로써 소비자를 보호하려는 목적으로 일정한 유형의 할부 거래를 대상으로 서면에 의한 할부계약의 서면주의, 매수인의 철회권, 할부금 지급지체에 따른 매수인의 책임제한 등에 관하여 규정하고 있다.

[출처] 금융실무대사전 I (한국금융연수원 2006) p832,
금융실무대사전 II (한국금융연수원 2006) p1146~1147

4) 신기술금융사

여신전문금융업의 하나로 신기술사업자에 대한 투자, 융자, 경영기술의 지도, 신기술사업투자조합의 설립 및 동 조합 자금의 관리·운용 등의 업무를 종합적으로 업으로 행하는 것을 말한다.

동 업무를 영위하고자 하는 자로서 여신전문금융업법의 적용을 받고자 하는 자는 금융감독위원회에 등록하여야 하며 등록된 신기술사업금융업자는 정부 또는 벤처기업육성에 관한 특별조치법에 의한 벤처기업투자대상기금으로부터 투·융자에 필요한 자금의 차입이나 세제상의 지원을 받을 수 있고 여신전문금융회사의 부대업무인 어음할인 등의 업무도 영위할 수 있다.

신기술사업금융업자와 유사한 업무를 취급하는 회사로 중소기업창업지원법에 의한 창업투자회사가 있는데 두 회사는 벤처캐피털을 운용한다는 유사점이 있으나 설립요건, 지원 대상, 감독기관 등에 있어 차이가 있다. 또한 신기술사업금융업자는 신기술사업자에 대한 융자업무를 영위하면서 여신전문금융업법 시행규칙이 정하는 융자한도를 초과해서는 안 된다.

신기술사업금융업자는 신기술사업자에 대한 투자액(신기술사업투자조합이 행한 투자를 포함)이 자기자본에 미달하는 경우 신기술사업금융업자의 신기술사업자에 대한 연간 융자 순증액(다만, 정부 또는 벤처기업 투자대상기금으로부터 차입한 자금으로 융자하는 금액은 제외)은 신기술사업자에 대한 연간 투자액의 15배를 초과 할 수 없다. 이는 과거 신기술사업금융업자가 신기술사업자에 대한 주식 또는 출자지분을 50% 이상 넘기지 못하도록 제한하던 것을 폐지하면서 투·융자 금액의 적절한 배분 등을 위해 도입된 것으로 추정된다.

[출처] 금융실무대사전 I (한국금융연수원 2006) p415~416,
금융실무대사전 II (한국금융연수원 2006) p620,
금융실무대사전 V (한국금융연수원 2006) p539~540

5. 저축은행

1) 저축은행

일반대중으로부터 저축성예금의 형태로 자금을 조달하여 주로 특정목적과 연관된 대출금의 형태로 운용하는 저축기관이다. 이들은 가계를 대상으로 소액 또는 장기성예금을 취급하며 업무가 단순하고 신용창조기능이 없다는 점에서 일반은행과 구별된다. 우리나라의 저축은행으로는 은행신탁계정, 상호저축은행, 신용협동기구, 체신예금 등이 있다.

[출처] 금융실무대사전 I (한국금융연수원 2006) p635

6. 상호금융

1) 새마을금고

자주적인 협동조직으로 회원의 경제적·사회적·문화적 지위의 향상을 위하여 새마을금고법에 의하여 설립된 비영리법인이다. 그리고 금고의 업무를 지도·감독하며 그 공동이익의 증진과 건전한 발전을 도모하기 위하여 금고를 구성원으로 하는 비영리 법인인 새마을금고연합회를 둔다.

금고는 ① 회원으로부터의 예탁금·적금의 수납 ② 회원에 대한 대출 ③ 내국환 및 외국환거래법에 의한 환전업무 ④ 국가·공공단체 및 금융기관의 업무대리 ⑤ 회원을 위한 보호예수의 신용사업을 수행한다.

신용사업이외에 문화 복지후생사업, 회원에 대한 교육사업, 지역사회개발사업, 회원을 위한 공제사업, 연합회가 위탁하는 사업, 국가 또는 공공단체가 위탁하거나 다른 법령이 금고의 사업으로 정하는 사업, 기타 주무부장관의 승인을 얻은 사업을 수행한다. 금고는 회원의 이용에 지장이 없는 범위 안에서 비회원에게 사업을 이용하게 할 수 있다.

연합회는 금고의 회원이 납입한 예탁금·적금 그 밖의 수입금에 대한 환급을 보장하며 그 회원의 재산을 보호하고 금고의 건전한 육성을 도모하기 위하여 연합회에 예금자보호준비금을 설치·운영한다. 중앙회가 공제사업을 영위하는 때에는 공제규정을 정하여 주무부장관의 인가를 받아야 하나 보험업법의 규정을 적용하지 아니한다.

금고는 회원으로부터 예탁금·적금을 수납하고 대출을 하는 등 신용사업을 영위 하지만 이러한 신용사업은 불특정다수인이 아닌 그 회원만을 대상으로 하는 것이므로 한국은행법 및 은행법상의 금융기관이

될 수 없다.

새마을금고연합회도 금고로부터 예·적금을 수납하고 대출을 하는 등 신용사업을 영위하지만 그 회원인 금고를 대상으로 하는 것이므로 원칙적으로 한국은행법 및 은행법상의 금융기관이 될 수 없다. 다만, 내국환, 국가·공공단체 또는 금융기관의 업무대리 업무를 수행하는 경우에는 은행법 및 한국은행법의 규정에 의한 하나의 금융기관으로 본다.

[출처] 금융실무대사전 I (한국금융연수원 2006) p347,
금융실무대사전 II (한국금융연수원 2006) p541,
금융실무대사전 V (한국금융연수원 2006) p466

2) 신용협동조합

공공유대(조합의 설립과 구성원의 자격을 결정하는 단위)를 바탕으로 하는 신용협동조직의 건전한 육성을 위하여 신용협동조합법에 의하여 설립된 비영리법인을 말한다. 그리고 조합의 업무를 지도·감독하며 그 공동이익의 증진과 건전한 발전을 도모하기 위하여 신용협동조합 구성원으로 하는 비영리법인인 신용협동조합 중앙회를 두고 있다.

조합은 ① 조합원으로부터의 예탁금·적금의 수납 ② 조합원에 대한 대출 ③ 내국환 ④ 국가·공공단체·중앙회 및 금융기관의 업무 대리 ⑤ 조합원을 위한 유가증권·귀금속 및 중요물품의 보관 등 보호예수업무 ⑥ 어음할인 등 신용사업을 행한다.

신용사업이외에 복지사업, 조합원을 위한 공제사업, 조합원의 경제적·사회적 지위향상을 위한 교육, 중앙회가 위탁하는 사업, 국가 또는 공공단체가 위탁하거나 다른 법령이 조합의 사업으로 정하는 사업을 수행한다.

조합은 조합원의 이용에 지장이 없는 범위 안에서 조합원이 아닌자에게도 조합의 사업을 이용하게 할 수 있다. 신용협동조합이 2004년부터 예금자보호법의 개정으로 예금자보호대상에서 제외됨에 따라 신용협동조합예금자보호기금을 중앙회에 설치·운영하고 있다.

조합과 중앙회가 공제사업을 영위하는 때에는 공제규정을 정하여 금융감독위원회의 인가를 받아야하나 보험업법의 규정을 적용하지 아니한다. 신용협동조합은 조합원으로부터 예탁금·적금을 수납하고 대출을 하는 등 신용사업을 영위하지만 이러한 신용사업은 불특정다수인이 아닌 그 조합원만을 대상으로 하는 것이므로 한국은행법 및 은행법상의 금융기관이 될 수 없다.

신용협동조합중앙회도 신협으로부터 예·적금을 수납하고 대출을 하는 등 신용사업을 영위하지만 그 회원인 신협을 대상으로 하는 것이므로 원칙적으로 한국은행법 및 은행법상의 금융기관이 될 수 없다. 다만 내국환, 국가·공공단체 또는 금융기관의 업무대리를 수행하는 경우에는 은행법 및 한국은행법의 규정에 의한 하나의 금융기관으로 본다.

[출처] 금융실무대사전 I (한국금융연수원 2006) p434,
금융실무대사전 II (한국금융연수원 2006) p630~631,
금융실무대사전 V (한국금융연수원 2006) p557

3) 농·수·산림조합

농업협동조합법에 의하여 설립된 지역농업협동조합과 지역축산업협동조합, 수산업협동조합법에 의하여 설립된 지역별 수산업협동조합, 산림조합법에 의하여 설립된 산림조합이 신용사업(조합원으로부터의 예탁금·적금의 수납, 조합원에 대한 대출, 내국환, 국가·공공단체·중앙회 및 금융기관의 업무 대리, 조합원을 위한 유가증권·귀금속 및 중요물품의 보관 등 보호예수업무, 어음할인)을 하는 때에는 신용협동조합법에 의한 신용협동조합으로 본다.

농·수·산림조합 은 각각 농어민 등에 대한 상호부조 목적으로 설립되어 농업, 수산업 및 산림업에 대한 조합원 지도 및 공동이익 도모사업과 조합원상호간의 금융을 취급하고 있다. 이러한 조합들도 신용협동기구로서 주로 회원으로부터 예탁금, 적금 등으로 조달된 자금이나 국가에서 지원하는 정책자금을 회원에 대한 대출로 운용하는 신용사업을 영위하고 있다.

각 조합의 특성에 따라 농수산물 판매·유통, 산림사업 등 경제 사업을 수행하고 있다. 이들 조합원들은 각 설립근거 법률에 의해 해당 정부부처의 지도감독을 받고 있으며, 신용사업에 대하여는 신용협동조합법을 준용, 금융감독위원회로부터 감독을 받도록 하고 있다.

[출처] 금융실무대사전 II (한국금융연수원 2006) p249

4) 농업협동조함

농업인의 경제적·사회적·문화적 지위의 향상과 농업의 경쟁력강화를 통하여 농업인의 삶의 질을 높이고, 국민경제의 균형있는 발전에 이바지함을 목적으로 설립된 농업인의 자주적인 협동조직을 말한다. 농업협동조합의 종류로는 지역조합과 품목조합 및 중앙회가 있다.

지역조합은 지역을 단위로 하여 설립되는 법인으로 각 지역농업협동조합과 각 지역축산업협동조합을 말하고, 품목조합은 품목별·업종별로 설립되는 법인으로 각 품목별협동조합과 각 업종별협동조합을 말하며 중앙회는 지역조합, 품목조합 및 품목조합연합회를 회원으로 하여 설립된 법인으로 농업협동조합중앙회를 말한다.

[출처] 금융실무대사전 II (한국금융연수원 2006) p250

5) 수산업협동조합

어업인과 수산물가공업자의 경제적·사회적·문화적 지위의 향상과 어업 및 수산물가공업의 경쟁력 강화를 도모함으로써 어업인과 수산물가공업자의 삶의 질을 높이고 국민경제의 균형 있는 발전에 이바지함을 목적으로 설립된 협동조직으로 그 형태는 법인으로 한다.

수산업협동조합의 종류로는 지구별수산업협동조합, 업종별수산업협동조합, 수산물가공수산업협동조합이 있다. 단위 수산업협동조합의 사업이 원활히 이루어지도록 돕고, 회원의 공동이익을 위한 사업을 수행하기 위해 수산업협동조합중앙회가 설립되어 있다.

[출처] 금융실무대사전 II (한국금융연수원 2006) p601

6) 산림협동조합

산림소유자와 임업인의 자주적 협동조직을 통하여 지속 가능한 산림경영을 촉진하고 산림생산력을 증진시키며 그 구성원의 경제적·사회적·문화적 지위 향상을 도모함으로써 국민경제의 균형 있는 발전에 기여하고자 설립한 사단법인이다.

주요 임무는 임업 생산과 경영능력의 향상을 위한 상담 및 교육훈련 등을 비롯한 교육·지원 사업, 조합원의 사업과 생활에 필요한 물자의 구입·제조·가공·공급 등을 비롯한 경제사업, 산림의 대리경영 등을 비롯한 산림경영사업, 조합원을 위한 신용사업, 임업자금 등의 관리·운용과 자체자금 조성 및 운용, 공제사업, 복지후생사업, 다른 경제단체·사회단체 및 문화단체와 교류·협력, 국가·공공단체·중앙회 또는 다른 조합이 위탁하는 사업 등을 수행하는 것이다.

[출처] 네이버지식백과 (2018.7.28 인터넷 검색)

7. 금융지주

1) 금융지주회사

금융지주회사라 함은 주식의 소유를 통하여 금융업을 영위하는 회사 또는 금융업의 영위와 밀접한 관련이 있는 회사를 대통령령이 정하는 기준에 의하여 지배하는 것을 주된 사업으로 하여 1개 이상의 금융기관을 지배하는 회사로서 금융감독위원회의 인가를 받은 회사를 말한다.

금융기관의 대형화와 겸업화를 통하여 금융 산업의 경쟁력을 제고하고 금융구조조정을 원활히 추진하기위하여 2000년 10월 금융지주회사법이 제정되었다. 동법은 금융지주회사제도의 취지에 맞도록 금융지주회사의 설립·소유지배구조 등을 규정하는 한편 경제력 집중의 폐해 등을 방지하기 위한 장치를 마련하고 있다.

금융지주회사는 주식의 소유를 통하여 금융기관 또는 금융업의 영위와 밀접한 관련이 있는 회사를 지배하는 것을 주된 사업으로 하는 회사이며 금융지주회사는 자회사의 사업목표 설정 및 사업계획 승인 등 경영관리업무와 그에 부수하는 업무를 제외하고는 영리목적의 다른 업무를 영위할 수 없다.(순수지주회사)

금융지주회사의 설립·해산, 자회사의 금융지주회사 편입시 금감위는 기업결합이 관련시장에서의 경쟁을 실질적으로 제한하는지 여부 등을 공정위와 사전협의하여 인가한다.

자회사의 업무범위는 금융업, 금융업의 영위와 밀접한 관련이 있는 회사, 중간지주회사이다. 손자회사의 설립을 원칙적으로 금지하되 자회사의 업무와 연관성이 있는 금융기관, 금융업의 영위와 밀접한 관련이 있는 회사에 한하여 예외적으로 허용한다.

소유·지배구조는 이사회는 사외이사가 3인 이상으로 이사총수의 $\frac{1}{2}$ 이상이 되도록 하여야 하며, 감사위원회는 총 위원의 $\frac{2}{3}$이상이 사외이사로 구성되도록 하여야 한다.

금융지주회사와 자회사 및 손자회사, 자회사 및 손자회사간 임·직원 겸직을 허용한다. 자금조달 및 운용을 보면 금융지주회사는 사채발행, 차입금 등을 통해 자금을 조달하여 이를 자회사에 대한 신용공여 등으로 운용한다. 한편 동일금융지주회사 그룹 내 상호간 손실 또는 위험전이 등을 방지하기 위한 방화벽을 마련하고 있다.

[출처] 금융실무대사전 II (한국금융연수원 2006) p205~206,
금융실무대사전 V (한국금융연수원 2006) p146

8. 우체국

1) 우체국예금·보험

우체국예금·보험에 관한 법률에 의하여 체신관서에서 취급하는 예금 또는 보험을 말한다. 다만, 우체국보험은 피보험자의 생명·신체의 상해를 보험사고로 하는 보험에 한한다.

우체국예금의 종류별 이자율은 금융기관의 이자율을 고려하여 과학기술정보통신부장관이 정하며 과학기술정보통신부장관은 예금의 종류별로 예금 최고한도액을 정할 수 있다.

우체국보험의 보험약관도 과학기술정보통신부장관이 정한다. 우체국예금 자금은 금융기관 예탁·재정자금 예탁·유가증권 매입·금융상품지수 선물거래 등의 방법으로만 운용하도록 제한되며 대출은 포함되어 있지 않다.

[출처] 금융실무대사전 V (한국금융연수원 2006) p647

9. 제 1금융권

금융권은 일반적으로 제1, 2, 3금융권으로 나눌 수 있다. 그러나 이런 분류에 따른 명칭이 공식 용어는 아니며 언론에서 편의상 구분하여 부르던 것이 정착된 것이다. 제1금융권은 대도시에 본점을 두고 지방에 지점망을 갖춘 시중은행, 지방에 거점을 두는 지방은행, 특별 법규 적용을 받아 특별 업무를 수행하는 특수은행(국책은행) 등이 모두 이에 포함된다.

우리나라의 금융기관 중 자금중계를 담당하는 예금은행을 지칭하는 용어로서 특수은행, 일반은행, 지방은행, 외국계은행, 인터넷전문은행이 있다.

이 중 특수은행은 정부계 은행으로 KDB산업은행, 한국수출입은행, IBK기업은행, NH농협 등이 대표적이다. 또 일반은행은 가계 및 기업으로부터 예금으로 조달된 자금들을 단기대출로 운용하는 곳으로, KB국민은행, 신한은행, KEB하나은행, 우리은행 등이 있다.

[출처] 네이버지식백과 (2018.7.28 인터넷 검색)

10. 제 2금융권

은행을 제외한 금융기관을 뜻한다. 이 용어는 본래 은행과 구별하기 위해 만들어진 용어로, 은행이 제대로 제공하지 못하는 전문적인 금융수요를 충족시키기 위해 탄생하였다.

저축은행, 새마을금고, 신용협동조합, 보험회사 등이 이에 해당 한다. 또한 통화금융기관(중앙은행, 예금은행)이 아닌 금융기관으로 '비통화금융기관'이라고도 한다.

자금의 중개기능을 주로 할 뿐 요구불예금을 취급할 수 없기 때문에 예금통화의 공급에 따르는 신용창조를 할 수 없다. 현재 우리나라의 경우 제2금융권은 개발기관, 투자기관, 저축기관, 보험기관 등으로 분류된다. 은행은 간접금융인데 비해 제2금융은 자금이 공급자로부터 수요자에 직접 융통되는 직접금융인 경우가 많다.

[출처] 네이버지식백과 (2018.7.28 인터넷 검색)

11. 제 3금융권

금융기관이 아니면서 대부업 등을 영위하는 업체들을 의미하는 비공식적인 명칭이다. 법적으로 금융기관은 은행 등의 제1금융권과 저축은행, 신용협동조합, 보험회사 등 제2금융권까지 만을 의미하며, 대부업체들은 법적으로 금융기관이 아니므로 금융권에 들어가지 않는다.

제3금융권이라는 말은 공식적인 용어가 아니지만, 대부업체들을 제1, 제2금융권과 비교되는 개념으로 표현할 때 비공식적으로 종종 사용된다. 일반적으로 제도권 밖의 사금융권을 일컫는다. 대부업체나 사채업체 등이 해당되며 소비자 금융이라고도 한다. 대출 절차가 제1, 2금융권에 비해 간편하지만 대출이율이 매우 높다.

[출처] 네이버지식백과 (2018.7.28 인터넷 검색)

주 금융기관 업무 정의는 사전적 의미를 기술한 것으로 실제 운영과는 다소 차이가 있을 수 있음.

02 금융회사별 현황

단위: 개

권역		2017.12월말
은행	국내은행	19
	외은지점(외국은행 국내지점)	38
보험	생명보험	25
	손해보험	32
금융투자	증권사	55
	선물사	5
	자산운용사	215
	투자자문사	179
	부동산신탁	11
	종합금융회사	1
여신전문금융	신용카드사	8
	리스사	26
	할부금융사	21
	신기술금융사	42
저축은행		79
상호금융	새마을금고	1
	신용협동조합	898
	농협협동조합	1,131
	수산업협동조합	90
	산림조합	137
금융지주회사		9
우체국		1

정부 및 공공기관

회사명	전화번호	홈페이지 본점주소
한국은행	02-759-4114	www.bok.or.kr 서울 중구 남대문로 39
금융위원회	02-2100-2500	www.fsc.go.kr 서울 종로구 세종대로 209
금융감독원	02-3145-5114	www.fss.or.kr 서울 영등포구 여의대로38
금융정보분석원	02-2100-2500	www.kofiu.go.kr 서울 종로구 세종대로 209
금융결제원	1577-5500	www.kftc.or.kr 서울 강남구 테헤란로 202
금융투자협회	02-2003-9000	www.kofia.or.kr 서울 영등포구 의사당대로143
여신금융협회	02-2011-0700	www.crefia.or.kr 서울 중구 다동길 43
은행연합회	02-3705-5000	www.kfb.or.kr 서울 중구 명동11길 19
생명보험연합회	02-2262-6600	www.klia.or.kr 서울 중구 퇴계로 173
손해보험협회	02-3702-8500	www.knia.or.kr 서울 종로구 종로5길 68
한국벤처캐피탈협회	02-2156-2100	www.kvca.or.kr 서울 서초구 서초대로 45길 16
한국거래소	051-662-2000	www.krx.co.kr 부산광역시 남구 문현금융로 40(문현동)
한국금융연구원	02-3705-6300	www.kif.re.kr 서울 중구 명동11길 19
한국대부금융협회	02-3487-5800	www.clfa.or.kr 서울 중구 소월로 10

회사명	전화번호	홈페이지
		본점주소
우정사업본부	044-200-8114	www.koreapost.go.kr
		세종특별자치시 도움5로 19(어진동)
기술보증기금	1544-1120	www.kibo.or.kr
		부산광역시 남구 문현금융로 33 기술보증기금
농림수산업자 신용보증기금	02-2080-6607	nongshinbo.nonghyup.com
		서울 중구 새문안로 16 농업협동조합 중앙회 별관3층
신용보증기금	1588-6565	www.kodit.co.kr
		대구광역시 동구 첨단로 7 (신서동)
신용정보협회	02-3775-2761	www.cica.or.kr
		서울 영등포구 국회대로 66길 11, 2층(여의도동)
신용회복위원회	1600-5500	www.ccrs.or.kr
		서울 중구 세종대로 124 한국프레스센터 6~8층
예금보험공사	02-758-0114	www.kdic.or.kr
		서울 중구 청계천로 30
주택도시기금	1599-0001	nhuf.molit.go.kr
		세종특별자치시 도움6로 11 국토교통부 주택기금과
주택도시보증공사	1566-9009	www.khug.or.kr
		부산광역시 남구 문현금융로 40 부산국제금융센터(BIFC)
한국예탁결제원	1577-6600	www.ksd.or.kr
		부산광역시 남구 문현금융로 40 부산국제금융센터(BIFC)
한국주택금융공사	1688-8114	www.hf.go.kr
		부산광역시 남구 문현금융로 40 부산국제금융센터(BIFC)
한국증권금융	1544-8333	www.ksfc.co.kr
		서울 영등포구 국제금융로8길 10 (여의도동 34-9)
한국화재보험협회	02-3780-0200	www.kfpa.or.kr
		서울 영등포구 국제금융로6길 38(여의도동, 한국화재보험협회빌딩)

국내은행

회사명	전화번호	홈페이지	본점주소
KB국민은행	1588-9999	www.kbstar.com	서울 중구 남대문로 84 (을지로2가)
신한은행	1577-8000	www.shinhan.com	서울 중구 태평로2가 120
KEB하나은행	1599-1111	www.kebhana.com	서울 중구 을지로 66 (을지로2가)
우리은행	1588-5000	www.wooribank.com	서울 중구 회현동 1가 203번지
NH농협은행	1588-2100	banking.nonghyup.com	서울 중구 통일로 120 NH농협은행
IBK기업은행	1566-2566	www.ibk.co.kr	서울 중구 을지로79, (을지로2가)
KDB산업은행	1588-1500	www.kdb.co.kr	서울 영등포구 여의도동 16
한국수출입은행	02-3779-6114	www.koreaexim.go.kr	서울 영등포구 은행로 38, (여의도동)
경남은행	1588-8585	www.knbank.co.kr	경남 창원시 마산회원구 3-15대로 642
광주은행	1588-3388	www.kjbank.com	광주광역시 동구 제봉로 225 (대인동)
대구은행	1588-5050	www.dgb.co.kr	대구광역시 수성구 수성2가 118번지
부산은행	1588-6200	busanbank.co.kr	부산시 동구 범일 2동 830-38
전북은행	1588-4477	www.jbbank.co.kr	전주시 덕진구 금암동 669-2
제주은행	1588-0079	e-jejubank.com	제주시 이도1동 1349
수협은행	1588-1515	www.suhyup-bank.com	서울 송파구 오금로62, (신천동)
한국스탠다드차타드은행	1588-1599	www.standardchartered.co.kr	서울 종로구 공평동 100번지
한국씨티은행	1588-7000	www.citibank.co.kr	서울 중구 청계천로 24(다동)
주식회사 케이뱅크은행	1522-1000	ib.kbanknow.com	서울 종로구 종로1길 50 더케이트윈 타워 B동 16층
한국카카오은행 주식회사	1599-3333	www.kakaobank.com	경기도 성남시 분당구 판교역로 231 에이치스퀘어 에스동 5층

외국은행

회사명	전화번호	홈페이지 본점주소
BNP파리바	02-3171-700	- 서울 중구 태평로 2가 310번지 태평로빌딩 24층
DBS은행	02-399-2660	- 서울 중구 태평로1가 64-8(광화문빌딩 20층)
OCBC	02-754-4355	- 서울 중구 순화동 1-170(ACE 타워 20층)
교통은행	02-2022-6866	- 서울 중구 을지로1가 삼성화재빌딩 6층
노던트러스트컴퍼니 서울지점	-	- 서울 중구 을지로 5길26, 이스트센터 12층(수하동, 센터원 빌딩)
노바스코셔은행	02-2020-2340	- 서울 종로구 세종로 139번지(동아미디어센터 16층)
뉴욕멜론은행	02-399-0001	- 서울 종로구 서린동 (영풍빌딩 23)
대화(UOB)은행	02-739-3916	- 서울 종로구 종로1가 1(교보빌딩 15층)
도이치은행	02-724-4500	- 서울 종로구 신문로1가 세안빌딩 20~22층
맥쿼리은행	02-2095-3900	- 서울 중구 소공동 110 한화빌딩 11층
메트로은행	02-779-2751	- 서울 중구 남대문로 5가 120(단암빌딩 2층)
멜라트은행	02-558-4448	 서울 강남구 삼성동 144-27(본솔빌딩 14층)
모간스탠리은행	-	- -
미쓰비시도쿄UFJ은행	02-399-6474	- 서울 종로구 서린동 영풍빌딩 4층
미쓰이스미토모은행	02-399-6320	- 서울 종로구 서린동 영풍빌딩 7층
미즈호	02-3782-8500	- 서울 중구 을지로2가 6(내외빌딩 14층)
바덴뷔르템베르크주립은행 서울지점	-	- 서울 중구 태평로1가 파이낸스빌딩 14층
뱅크오브아메리카은행	02-2022-4500	- 서울 중구 장교동 한화빌딩 9층
소시에테제네랄	02-2195-7777	- 서울 종로구 신문로1가 세안빌딩 10층

회사명	전화번호	홈페이지	본점주소
스테이트 뱅크 오브 인디아 서울지점	-	-	서울 종로구 종로 1 교보생명빌딩
스테이트스트리트	02-3706-4500	-	서울 중구 태평로1가 (파이낸스빌딩 18층)
아이엔지	02-317-1800	-	서울 종로구 신문로 1가 226(흥국생명빌딩 15-16층)
야마구찌은행	051-462-3281	-	부산 중구 중앙동6가 국제빌딩 3층
웰스파고	02-3706-3114	-	서울 중구소공동 21 (삼화빌딩10층)
유바프	02-3455-5300	-	서울 중구순화동 (ACE타워 3층)
인도네시아느가라은행 서울지점	02-6386-8110	-	서울 중구 세종대로 17(Wise Tower) 8층
인도해외은행	02-753-0741	-	서울 중구 충무로1가 25-5(대연각빌딩 3층)
제이피모건체이스	02-758-5114	-	서울 중구 정동 34-35(체이스플라자)
중국건설은행	02-6730-1718	-	서울 중구 태평로 1가 84 서울파이낸스센터 7층
중국공상은행	02-755-5688	-	서울 중구 태평로2가 310(태평로빌딩 17층)
중국광대은행주식유한회사 서울지점	-	-	서울 종로구 청계천로 41 영풍빌딩 23층
중국농업은행주식유한회사	02-3788-3900	-	서울 중구 태평로1가 파이낸스빌딩 14층
중국은행	02-399-6288	-	서울 종로구 서린동 33 (영풍빌딩 1~2층)
크레디 아그리콜 코퍼레이트 앤 인베스트먼트 뱅크	02-3700-9500	-	서울 종로구 종로1가 교보생명빌딩 19층
크레디트스위스	02-3707-3800	-	서울 중구 소공동 11(한화빌딩 14층)
파키스탄국립은행	02-732-0277	-	서울 종로구 종로1가 1(교보빌딩 12층)
호주뉴질랜드	02-730-3151	-	서울 종로구 종로1가 1(교보빌딩 18층)
홍콩상하이은행	02-2004-0123	-	서울 중구 봉래동 1가 25(HSBC빌딩 1층)

생명보험

회사명	전화번호	홈페이지 본점주소
DB생명보험주식회사	1588-3131	www.dongbulife.com 서울 강남구 테헤란로 432 동부금융센터 7층
DGB생명보험주식회사	051)461-7700, 02)2087-9301	www.dgbfnlife.com 부산 동구 수정동 3번지
ING생명보험주식회사	02)2200-9114	www.inglife.co.kr 서울 중구 세종대로7길 37
KB생명보험주식회사	02-398-6800	www.kbli.co.kr 서울 영등포구 국제금융로2길 28
교보라이프플래닛 생명보험주식회사	1566-0999	www.lifeplanet.co.kr 서울 영등포구 국제금융로 6길 11, 8층 (여의도동, 삼덕빌딩)
교보생명보험주식회사	1588-1001	www.kyobo.co.kr 서울 종로구 종로1가 1
농협생명보험주식회사	1544-4000	www.nhlife.co.kr 서울 서대문구 충정로 60 (미근동)
미래에셋생명보험주식회사	1588-0220	life.miraeasset.com 서울 영등포구 국제금융로 56(여의도동, 미래에셋대우빌딩)
삼성생명보험주식회사	1588-3114	www.samsunglife.com/main.html 서울 서초구 서초대로74길 11
신한생명보험주식회사	1588-5580	www.shinhanlife.co.kr/bigLife.do 서울 중구 삼일대로 358(을지로 2가)
IBK연금보험 주식회사	1577-4117	www.ibki.co.kr 서울 중구 봉래동 1가 25 HSBC빌딩 19층
케이디비생명보험주식회사	1588-4040	www.kdblife.co.kr 서울 용산구 한강대로 372 KDB생명타워
하나생명보험주식회사	080-348-8700	www.hanalife.co.kr 서울 중구 을지로 66

회사명	전화번호	홈페이지	본점주소
한화생명보험주식회사	1588-6363	www.hanwhalife.com	서울 영등포구 63로 50
현대라이프생명	1577-3311	www.hyundailife.com	서울 영등포구 여의나루로 57 현대라이프
흥국생명보험주식회사	1588-2288	www.heungkuklife.co.kr	서울 종로구 새문안로 68
PCA생명보험주식회사	02-2129-1700	www.pcakorea.co.kr	서울 강남구 테헤란로 302 피씨에이라이프타워
동양생명보험주식회사	1577-1004	www.myangel.co.kr	서울 중구 을지로2가 185번지
라이나생명보험주식회사	02-3781-1000	www.lina.co.kr	서울 종로구 삼봉로 48번지 시그나타워
메트라이프생명보험(주)	02-3469-9600	www.metlife.co.kr	서울 강남구 테헤란로 316 (역삼동, 메트라이프타워)
비엔피파리바카디프생명보험 주식회사	02-3788-8800	www.shnc.co.kr	서울 중구 남대문로 5가 581 서울 시티타워 11층
에이비엘생명보험주식회사	1588-6500	www.abllife.co.kr	서울시 영등포구 의사당대로 147 (여의도동, ABL타워)
AIA생명보험 주식회사	02-3707-4800	www.aia.co.kr	서울 중구 통일로 2길 16 AIA TOWER
처브라이프생명보험 주식회사	02-2107-4600	www.chubblife.co.kr	서울 강남구 삼성로 511 삼성동 골든타워 5~6층
푸르덴셜생명보험 주식회사	02-2144-2000	www.prudential.co.kr	서울 강남구 역삼동 838 푸르덴셜타워

손해보험

회사명	전화번호	홈페이지 본점주소
DB손해보험주식회사	1588-0100	www.idongbu.com 서울 강남구 대치동 891-10 동부금융센터
농협손해보험주식회사	1644-9000	www.nhfire.co.kr 서울 서대문구 충정로60 (미근동21-1)
롯데손해보험주식회사	1588-3344	www.lotteins.co.kr 서울 중구 소월로 3 롯데손해보험빌딩
메리츠화재해상보험	1566-7711	www.meritzfire.com 서울 영등포구 여의도동 25-1
삼성화재해상보험	1588-5114	www.samsungfire.com 서울 서초구 서초대로74길 14 (서초동, 삼성화재)
엠지손해보험주식회사	1588-5959	www.mggeneralins.com 서울 강남구 테헤란로 335
주식회사KB손해보험	1544-9110	www.kbinsure.co.kr 서울 강남구 테헤란로 117(역삼동, KB손해보험 빌딩)
한화손해보험주식회사	1566-8000	www.hwgeneralins.com 서울 중구 태평로2가 43
현대해상화재보험	1588-5655	www.hi.co.kr 서울 종로구 세종대로 163 (세종로)
흥국화재해상보험주식회사	1688-1688	www.heungkukfire.co.kr 서울 종로구 신문로1가 226
더케이손해보험주식회사	1566-3000	www.educar.co.kr 서울 종로구 창경궁로 117(인의동, 더케이손해보험빌딩)
서울보증보험주식회사	1670-7000	www.sgic.co.kr 서울 종로구 김상옥로 29(연지동)
코리안리재보험주식회사	02-3702-6000	www.koreanre.co.kr 서울 종로구 수송동 80
한국해양보증 주식회사	051-717-0900	www.kmgic.com 부산광역시 남구 문현금융로 40, 13층(문현동, 부산국제금융센터)
다스법률비용보험주식회사	02-513-0113	www.das.co.kr 서울 강남구 언주로 804 (신사빌딩 7층)
동경해상일동화재보험(주) 서울지점	02-752-0858	www.tokiomarine.seoul.kr 서울 중구 을지로 1가 87 삼성화재빌딩 8층
뮌헨재보험주식회사 한국지점	02-398-0300	www.munichrekorea.com 서울 종로구 서린동 33 영풍빌딩 14층

회사명	전화번호	홈페이지 본점주소
미쓰이스미토모해상화재보험(주)한국지점	02-3702-5800	www.ms-ins.co.kr 서울 중구 을지로5길 26 (수하동, 미래에셋 센터원 서관 18층)
비엔피파리바카디프손해보험	1544-2580	www.cardifcare.co.kr 서울 중구 삼일대로 358 신한L타워
스위스재보험	02-397-0300	www.swissrekorea.com 서울 종로구 세종로 211 광화문빌딩 17층
스코리인슈어런스아시아퍼시픽피티이엘티디한국지점	02-779-7267	www.scor.com 서울 중구 태평로2가 310 태평로빌딩25층
아시아캐피탈리인슈어런스그룹피티이리미티드한국지점	02-6714-1700	asiacapitalre.com 서울 종로구 종로3길 17 D타워 D1 7층
악사손해보험주식회사	1566-1566	www.axa.co.kr 서울 용산구 한강대로 71길 4 한진중공업빌딩
알리안츠글로벌코퍼레이트앤스페셜티에스이 한국지점	02-3782-4717	www.agcs.allianz.com 서울 중구 세종대로 136 서울파이낸스 센터 21
알지에이 리인슈어런스 컴파니 한국지점	02-6730-1350	www.rgare.com 서울 중구 태평로1가 84번지 파이낸스 센터 9층
에이스아메리칸화재해상보험	1566-5800	www.acegroup.com 서울 중구 후암로 110 서울티타워 19층
에이아이지손해보험 주식회사	1544-2792	www.aig.co.kr 서울 종로구 종로 14, 서린동 한국무역보험공사 18층
제너럴재보험주식회사 서울지점	02-750-8500	www.genre.com 서울 중구 태평로 1가 64-8 광화문 빌딩 18층
젠워스 모기지 인슈어런스 코포레이션 한국지점	02-3275-9000	www.genworth.co.kr 서울 마포구 동교동 159-1 상진빌딩 9층
퍼스트어메리칸권원보험(주)한국지점	02-3144-2460	www.firstam.co.kr 서울 마포구 동교동 162-5 한일빌딩 6층
퍼시픽라이프리리미티드 한국지점	02-6226-7500	www.pacificlifere.com 서울 종로구 종로5길 7, 8층(청진동, 타워8)
페더럴인슈런스컴퍼니 한국지점	02-3705-9700	www.chubb.com 서울 중구 수하동 66번지 페럼타워 12층
하노버재보험(주) 한국지점	02-3700-0600	www.hannoverlifere.com 서울 종로구 새문안로 92 414호(신문로1가 광화문오피시아빌딩)

증권사

회사명	전화번호	홈페이지 / 본점주소
골드만삭스증권회사서울지점	02-3788-1000	-
		서울 종로구 새문안로68 흥국생명빌딩 21층
메릴린치인터내셔날엘엘씨 증권 서울지점	02-3707-0400	www.bankofamerica.com
		서울 중구 세종대로 136 (무교동, 서울파이낸스센터 29층)
모간스탠리인터내셔날증권 회사서울지점	02-399-4848	www.morganstanley.com
		서울 종로구 새문안로 68 흥국생명빌딩 22층
미즈호증권아시아리미티드 서울지점	-	-
		-
씨아이엠비증권 한국지점	02-6730-6000	-
		서울 종로구 새문안로 82 에스타워 15층
아이엔지증권 서울지점	02-317-8900	-
		서울 중구 세종대로 136,11층
유비에스증권리미티드 서울지점	02-3702-8888	www.ubs.com
		서울 중구 태평로1가 84번지 서울파이낸스센터 22층
제이피모간증권회사 서울지점	758-5700	-
		홍콩 이스트 아일랜드, 웨스트랜드 로드 18번지 원아일랜드 이스트 33층
크레디 아그리콜 아시아증권 서울지점	02-3700-3500	www.ca-cib.com
		외국본점 : Credit Agricole Securities (Asia) Limited. (30th Floor, Two Pacific Place, 88 Queensway, Hong Kong / 국내지점 : 크레디아그리콜 아시아증권 서울지점 (서울 종로구 종로 1 (종로1가) 교보빌딩 21층)
크레디트스위스증권 서울지점	02-3707-3700	www.credit-suisse.com
		서울 중구 소공동 110번지 한화빌딩13층 (본점소재지:영국런던E144QJ원카보트스퀘어)
홍콩상하이증권서울지점	02-3706-8700	-
		서울 중구 칠패로 37
(주)비엔케이투자증권	051-669-8000	www.bnkfn.co.kr
		부산광역시 부산진구 새싹로1(부전동) 부산은행 부전동별관 3층, 4층
DB금융투자주식회사	02-369-3000	www.dongbuhappy.com
		서울 영등포구 국제금융로 8길 32 동부증권빌딩
IBK투자증권	1588-0030	www.ibks.com
		서울 영등포구 국제금융로 6길 11 (여의도동)

회사명	전화번호	홈페이지 본점주소
KB증권주식회사	02-6114-0114	www.kbsec.com 서울 영등포구 여의나루로 4길 21
NH투자증권	1544-0000	www.nhqv.com 서울 영등포구 여의대로 60 NH투자증권빌딩
SK증권주식회사	02-3773-8245	www.sks.co.kr 서울 영등포구 국제금융로8길 31(여의도동)
골든브릿지증권	02-3779-3000	www.bridgefn.com 서울 서대문구 충정로 50 (충정로 3가 222번지) 골든브릿지빌딩
교보증권(주)	02-3771-9000	www.iprovest.com 서울 영등포구 의사당대로97 (여의도동 26-4)
노무라금융투자주식회사	02-3783-2000	- 서울 중구 태평로1가 84 서울파이낸스센터 17층
다이와증권캐피탈마켓코리아 주식회사	02-787-9100	- 서울 영등포구 여의도동 국제금융로 10 One IFC빌딩 21층
대신증권주식회사	02-769-2000	www.daishin.co.kr 서울 중구 저동1가 48 대신파이낸스센터 (도로명주소: 삼일대로 343)
도이치증권	02-316-8888	- 서울 종로구 청계천로 41 (서린동, 영풍빌딩 17층)
리딩투자증권주식회사	02-2009-7000	www.leading.co.kr 서울 영등포구 국제금융로8길 27-8, 6,7층 (여의도동, nh농협캐피탈빌딩)
맥쿼리증권	02-3705-8788	www.macquarie.com 서울 중구 소공로 109 (소공동, 한화빌딩 3층)
메리츠종합금융증권 주식회사	02-785-6611	home.imeritz.com 서울 영등포구 여의도동 34-10
미래에셋대우주식회사	02-3774-1900	www.miraeassetdaewoo.com 서울 중구 을지로5길 26
바로투자증권주식회사	1600-8515	www.barofn.com 서울 영등포구 의사당대로1길 34 인영빌딩
부국증권주식회사	02-368-9200	www.bookook.co.kr 서울 영등포구 국제금융로6길 17
비엔피파리바증권주식회사	02-2125-0500	- 서울 중구 퇴계로 100 (회현동 2가), 스테이트타워 남산빌딩 24,25층

회사명	전화번호	홈페이지 본점주소
삼성증권(주)	02-2020-8000	www.samsungpop.com 서울 서초구 서초대로74길 11, 삼성전자빌딩
신영증권주식회사	02-2004-9000	www.shinyoung.com 서울 영등포구 국제금융로 8길 16, 신영증권빌딩
신한금융투자 주식회사	02-3772-1000	www.shinhaninvest.com 서울 영등포구 여의대로 70(여의도동)
씨엘에스에이코리아증권(주)	02-397-8400	- 서울 영등포구 국제금융로 10번지 원아이에프씨 30층
씨티그룹글로벌마켓증권 주식회사	02-3705-0600	- 서울 중구 청계천로24 한국씨티은행빌딩 17층
유안타증권주식회사	02-3770-2000	www.myasset.com 서울 중구 을지로2가 185번지
유진투자증권주식회사	02-368-6000	www.eugenefn.com 서울 영등포구 국제금융로 24 유진그룹빌딩
유화증권주식회사	02-3770-0100	www.yhs.co.kr 서울 영등포구 국제금융2길 36
이베스트투자증권(주)	02-3779-0100	www.ebestsec.co.kr 서울 영등포구 여의대로 14, 17층
초상증권(한국)주식회사	02-6292-4000	- 서울 영등포구 국제금융로 10, 44층(여의도동 쓰리아이에프씨)
케이아이디비채권중개(주)	02-771-4370	WWW.KIDB.NET 서울 중구 명동11길 20(서울 YWCA빌딩 8층)
케이티비투자증권주식회사	02-2184-2000	www.ktb.co.kr 서울 영등포구 여의대로 66, 케이티비빌딩(여의도동)
케이프투자증권	02-6923-7000	www.capefn.com 서울 영등포구 국제금융로2길 25 (여의도동, 유수홀딩스B/D 3층)
코리아에셋투자증권	02-550-6200	www.kasset.co.kr 서울 영등포구 여의나루로 57(신송센터빌딩 12층)
키움증권(주)	02-3787-5000	www.kiwoom.com 서울 영등포구 여의나루로4길 18 (여의도동, 키움파이낸스스퀘어)
토러스투자증권주식회사	02-709-2300	www.taurus.co.kr 서울 영등포구 여의대로 66 KTB빌딩 3층
하나금융투자주식회사	02-3771-7114	www.hanaw.com 서울 영등포구 의사당대로 82[여의도동]

회사명	전화번호	홈페이지	본점주소
하이투자증권(주)	1588-7171	www.hi-ib.com	부산광역시 동래구 온천장로 121
한국 에스지증권 주식회사	02-2195-7777	www.sgcib.com	서울 종로구 종로3길 17 D타워 D1 24층
한국스탠다드차타드증권	02-3703-5000	www.standardcharteredsecurities.co.kr	서울 종로구 종로47
한국투자증권	02-3276-5000	www.truefriend.com	서울 영등포구 의사당대로 88
한양증권주식회사	02-3770-5000	www.hygood.co.kr	서울 영등포구 국제금융로6길 7
한화투자증권주식회사	02-3772-7000	www.hanwhawm.com	서울 영등포구 여의대로56
현대차투자증권주식회사	02-3787-2114	www.hmcib.com	서울 영등포구 국제금융로 2길 32
흥국증권주식회사	02-6742-3600	www.heungkuksec.co.kr	서울 종로구 새문안로68 흥국생명빌딩 19층(신문로1가)

선물사

회사명	전화번호	홈페이지	본점주소
UOB선물 한국지점	-	-	-
삼성선물주식회사	02-3707-3699	www.ssfutures.com	서울 서초구 서초대로 74길 4, 33층(서초동 삼성생명 서초타워)
NH선물주식회사	02-3774-0300	www.futures.co.kr	서울 영등포구 국제금융로8길 2, 16층(여의도동, 농협재단빌딩)
유진투자선물주식회사	02-3771-8888	www.eugenefutures.com	서울 영등포구 국제금융로24 유진그룹빌딩5층
케이알선물주식회사	02-2168-7403	www.krfutures.co.kr	서울 영등포구 여의나루로 57 14층
현대선물(주)	02-788-7000	www.hyundaifutures.com	서울 영등포구 여의도동 여의대로70 신한금융투자타워 20층

자산운용사

회사명	전화번호	홈페이지 / 본점주소
DB자산운용주식회사	02-787-3700	www.dongbuam.com 서울 영등포구 여의대로 24, 43층 (여의도동, 전경련회관)
KB자산운용	02-2167-8200	www.kbam.co.kr 서울 영등포구 여의대로 70 (여의도동, 신한금융투자타워 25층)
KDB인프라자산운용	02-6333-3500	www.kinfra.co.kr 서울 영등포구 여의공원로 111(여의도동)
KTB자산운용	02-788-8400	www.i-ktb.com 서울 영등포구 여의대로 66
갤럭시자산운용 주식회사	-	- -
골든브릿지자산운용	02-360-9500	www.gbam.co.kr 서울 서대문구 충정로3가 50 골든브릿지빌딩 5층
골든키자산운용	02-761-2022	www.gkam.co.kr 서울 영등포구 국제금융로2길 37, 3601호(여의도동, 에스트레뉴)
교보악사자산운용	02-767-9600	www.kyoboaxa-im.co.kr 서울 종로구 종로 1가 1번지 교보생명빌딩 15층
국제자산운용 주식회사	02-6713-0327	www.kukje-amc.com 서울 강남구 테헤란로 419, 19층
그로쓰힐자산운용	02-3215-7400	www.growthhill.com 서울 영등포구 의사당대로 83, 7층(여의도동, 한국휴렛팩커드빌딩)
그린자산운용 주식회사	-	- -
글로벌원자산운용 주식회사	02-3451-9100	www.g1am.co.kr 서울 영등포구 국회대로 70길 18, 8층
나눔자산운용	02-557-9031	www.nanoomasset.com 서울 강남구 역삼로 110 4층(태양21빌딩)
노무라이화자산운용 주식회사	02-3783-9500	www.nomurarifa.com 서울 중구 세종대로 136 서울파이낸스빌딩 12층
다비하나인프라펀드 자산운용	02-3774-0605	- 서울 영등포구 여의공원로 101 (여의도동,씨씨엠엠빌딩3층)
대덕자산운용 주식회사	02-782-8894	www.ddasset.co.kr 서울 영등포구 국제금융로 70, 1001호(여의도동 미원빌딩)

회사명	전화번호	홈페이지	본점주소
대성자산운용	-	-	-
대신자산운용	02-769-3280	asset.daishin.com	서울 중구 명동 11길 24 중국건설은행타워
더글로벌자산운용	02-6951-0117	www.tgam.co.kr	서울 강남구 선릉로91길 18, 9층
더블유더블유지자산운용	02-928-2255	www.wwg.kr	서울 성북구 보문로29길 17(보문동2가, 백제빌딩)
더블유자산운용	02-782-6901	www.w-asset.com	서울 영등포구 국제금융로2길 37 에스트레뉴 1002호
도이치자산운용	02-724-4300	www.deam-korea.com	서울 종로구 청계천로 41 (서린동, 영풍빌딩 19층)
동양자산운용주식회사	02-3770-1281	www.tyam.co.kr	서울 영등포구 국제금융로2길 32
디스커버리자산운용 주식회사	02-3789-6400	www.discoveryasset.com	서울 중구 세종대로9길 41, 퍼시픽타워 19층(서소문동)
디에스네트웍스자산운용 주식회사	-	-	-
디에스자산운용	02-6296-7000	www.dsasset.com	서울 영등포구 여의대로70, 21층 (여의도동, 신한금융투자타워)
디지비자산운용	02-707-4200	www.dgbam.com	서울 영등포구 여의나루로 27 사학연금회관 12층
라살자산운용	02-6137-6137	www.lasalle.com	서울 영등포구 국제금융로 10 여의도동 투아이에프씨 16층
라움자산운용	02-2088-1468	www.raumamc.com	서울 강남구 언주로 564, 3층 (역삼동, 라움아트센터)
라이노스자산운용	02-6710-7265	www.rhinos.kr	서울 영등포구 여의공원로 101(여의도동, CCMM빌딩 709A호)
라임자산운용	02-786-9806	www.smartlime.co.kr	서울 영등포구 여의대로 24 전경련회관(FKI타워) 17층
라자드코리아자산운용	02-6220-1600	www.lkam.co.kr	서울 중구 세종대로 136 서울파이낸스센터 10층

회사명	전화번호	홈페이지 / 본점주소
라쿤자산운용	02-2088-1441	www.raccoonasset.com
		서울 영등포구 여의나루로 53-1 대오빌딩 10층 1005호
람다자산운용	-	-
		-
로만자산운용	031-707-2365	www.roman-asset.com
		경기도 성남시 분당구 운중로 176, 401호,402호 (운중동, 트윈플라자2)
로버스트자산운용㈜	02-787-0700	www.robust.co.kr
		서울 영등포구 국제금융로8길 25 주택건설회관 3층
루트엔글로벌자산운용 주식회사	02-511-7729	www.rootnglobal.com
		서울 서초구 신반포로 45길 34(잠원동, J빌딩)
리운자산운용	02-786-7867	www.leewoon.com
		서울 영등포구 은행로3, 605호(여의도동, 익스콘벤처타워)
리치먼드자산운용	02-6276-3000	www.richmondam.com
		서울 영등포구 63로 50, 63빌딩 19층
리코자산운용	02-561-0078	www.ricoasset.com
		서울 강남구 언주로 709 송암빌딩 4
린드먼파트너스자산운용 주식회사	070-7019-4071	lpam.kr
		서울 강남구 테헤란로 234, 2층 (역삼동, 삼익빌딩)
링크자산운용 주식회사	02-2016-7300	www.linkasset.kr
		서울 강남구 테헤란로 87길 36, 15F(삼성동,도심공항타워)
마스턴투자운용 주식회사	02-3452-2077	www.mastern.co.kr
		서울 강남구 테헤란로 302, 4층(역삼동, 피씨에이라이프타워)
마운틴자산운용 주식회사	02-508-2232	www.mountainasset.co.kr
		서울 강남구 영동대로85길 28(성원타워1) 4층
마이다스에셋자산운용	02-3787-3500	midasasset.com
		서울 영등포구 여의대로 66 KTB빌딩 8층
마이퍼스트에셋자산운용	02-6949-2910	www.myfirstasset.com
		서울 종로구 종로5길7, 6층(청진동, 타워8)
마일스톤자산운용 주식회사	02-2088-1135	milestonean.co.kr
		서울 강남구 압구정로 449, 2층(청담동, 청하빌딩)
맥쿼리자산운용	02-3705-9919	없음 (맥쿼리한국투융자회사: www.macquarie.com)
		서울 중구 소공로 109 한화빌딩 9층

회사명	전화번호	홈페이지 본점주소
맥쿼리투자신탁운용 주식회사	02-3703-9800	www.macquarie.co.kr 서울 영등포구 국제금융로 10(여의도동, 원아이에프씨 20층)
머스트자산운용	02-578-5080	www.mustinvestment.com 서울 강남구 언주로30길 39, 12층(도곡동, 삼성엔지니어링)
멀티에셋자산운용 주식회사	02-3774-8000	multiasset.miraeasset.co.kr 서울 영등포구 국제금융로 56 (미래에셋대우빌딩16층)
메리츠부동산자산운용 주식회사	02-6309-2372	www.meritzream.co.kr 서울 영등포구 국제금융로6길 15, 12층
메리츠자산운용	02-6320-3000	www.meritzam.com 서울 종로구 북촌로 104(계동, 계동빌딩)
모루자산운용 주식회사	02-6713-6330	www.moruasset.com 서울 강남구 테헤란로 124, 8층(역삼동, 삼원타워 801호)
미래에셋자산운용	1577-1640	investments.miraeasset.com 서울 종로구 종로 33 (청진동, 그랑서울)
밀리니움인마크자산운용	02-6673-8880	www.inmarkasset.com 서울 영등포구 국제금융로 10, 20층(여의도동,Two IFC)
바른자산운용	02-6954-0858	www.barunam.com 서울 강남구 테헤란로 88길 17, 6층
밸류시스템자산운용	02-6925-1814	www.valuesystem.co.kr 서울 강남구 삼성로 122길 29
밸류파트너스자산운용 주식회사	02-761-7649	www.vpasset.com 서울 영등포구 국제금융로8길 27-9, 동북빌딩 410호
베스타스자산운용	02-6000-5900	www.vestasinvest.com 서울 종로구 종로3길 17, 디1동 6층 (청진동, 디타워)
베어링자산운용	02-3788-0500	www.barings.com 서울 중구 을지로1가 87번지 부영을지빌딩 7층
보고펀드자산운용	02-3788-0770	www.vogo-investment.com 서울 중구 통일로2길 16, 16층(순화동, 에이아이에이타워)
브레인자산운용	02-6277-5000	www.brainib.com 서울 영등포구 여의대로 70, 26층(여의도동, 신한금융투자타워)
브로스자산운용	02-784-1760	www.bros-hedge.com 서울 영등포구 국제금융로8길 11 (여의도동) 대영빌딩 11층

회사명	전화번호	홈페이지
		본점주소
브이앤에스자산운용	02-518-5379	www.vnsinvestment.com
		서울 강남구 압구정로60길 11(청담동 82번지) K빌딩 4층
브이파트너스자산운용	02-6475-0135	www.vpartners.co.kr
		서울 강남구 강남대로 476 어반하이브빌딩 13층
블랙록자산운용	02-751-0500	www.blackrock.co.kr
		서울 중구 세종대로 136 서울파이낸스센터빌딩 23층
블루텍자산운용 주식회사	02-2138-7174	www.bluetechfund.com
		서울 종로구 평창30길 18(평창동) 테바하우스2층
비앤아이자산운용 주식회사	-	-
		-
비엔케이자산운용	0269101100	www.bnkasset.co.kr
		서울 중구 무교로 6 금세기빌딩 12층 BNK자산운용
비전자산운용 주식회사	02-557-2987	www.visionasset.co.kr
		서울 영등포구 국제금융로6길 7, 6층 (여의도동, 한양증권빌딩)
빌리언폴드자산운용	-	-
		-
삼성액티브자산운용 주식회사	02-3774-7775	www.samsungactive.co.kr
		서울 서초구 서초대로74길 11
삼성에스알에이자산운용	02-310-2500	www.samsungsra.com
		서울 서초구 서초대로 74길4 삼성생명서초타워 16층
삼성자산운용	02-3774-7600	www.samsungfund.com
		서울 서초구 서초대로74길 11
삼성헤지자산운용	02-3774-7513	www.samsunghedge.com
		서울 서초구 서초대로74길 11
삼천리자산운용주식회사	02-368-3379	-
		서울 영등포구 국제금융로6길 42 (여의도동, 삼천리빌딩)
수림자산운용 주식회사	02-6713-8380	www.soorimam.com
		서울 영등포구 국제금융로 20, 2층(여의도동,율촌빌딩)
수성자산운용 주식회사	02-554-1860	www.susungasset.co.kr
		서울 국제금융로 2길 24 삼성생명 여의도빌딩 11층
슈로더투자신탁운용	02-378-30500	www.schroders.co.kr
		서울 중구 세종대로 136, 26층 (태평로1가, 서울파이낸스센터)

회사명	전화번호	홈페이지 본점주소
스마일게이트자산운용㈜	-	- -
스트래튼자산운용	02-761-6756	www.stratinasset.com 서울 영등포구 국제금융로 52, 3층(여의도동, 심팩빌딩)
스팍스자산운용	02-570-1600	www.sparxkorea.com 서울 종로구 종로 51, 9층(종로2가, 종로타워)
시몬느자산운용	02-2159-6000	www.simonefg.co.kr 서울 영등포구 국제금융로2길 24,9층(여의도동, 삼성생명 여의도빌딩)
신영자산운용	02-6711-7500	www.syfund.co.kr 서울 영등포구 국제금융로8길 6
신한BNP Paribas자산운용	02-767-5777	www.shbnppam.com 서울 영등포구 여의대로 70 신한금융투자타워 18층, 19층
신한대체투자운용 주식회사	-	- -
썬앤트리자산운용	02-2183-0470	www.suntreeasset.com 서울 영등포구 여의나루로 67, 903호(여의도동, 신송빌딩)
씨비알이글로벌인베스터스 자산운용 주식회사	02-398-1555	- 서울 영등포구 국제금융로 10, One IFC 28층
씨스퀘어자산운용	02-2138-1450	www.csquaredasset.com 서울 영등포구 여의나루로57, 8층(여의도동, 신송센타빌딩)
씨앗자산운용 주식회사	-	- -
씨케이골디락스자산운용 주식회사	02-3272-7709	- 서울 영등포구 여의공원로 101, 1010-B호 (여의도동, C.C.M.M.빌딩)
아너스자산운용 주식회사	02-780-8990	www.honorsasset.com 서울 영등포구 의사당대로 143, 금융투자센터빌딩 5층
아람자산운용 주식회사	02-6339-2055	www.aramfund.co.kr 서울 영등포구 여의대방로 67길 22, 706호 (여의도동, 태양빌딩)
아레스자산운용 주식회사	02-6295-7500	www.aresasset.com 서울 영등포구 여의대로 70, 21층 (여의도동, 신한금융투자타워)
아름드리자산운용 주식회사	02-780-5423	www.arumdreeasset.com 서울 영등포구 여의대로 8, B동 1502호(여의도동, 여의도파크센터)

회사명	전화번호	홈페이지 본점주소
아샘자산운용	02-761-6150	www.asam4u.com 서울 영등포구 여의나루로 53-1 대오빌딩 8층
아스트라자산운용	-	- -
아시아자산운용	02-3430-5555	www.asiaasset.kr 서울 영등포구 국제금융로2길 32, 3층(여의도동)
아쎈다스자산운용 주식회사	02-721-9300	www.ascendas-amc.com 서울 중구 청계천로 100 시그니쳐타워 동관 9층
아우름자산운용 주식회사	02-6925-6383	www.aurum-asset.com 서울 강남구 영동대로 422, 7층 (대치동, 일원빌딩)
아울자산운용	02-549-5007	www.owlventure.com 서울 강남구 강남대로 112길 12, 4층
아이디어브릿지자산운용	02-559-6500	www.ibridgefund.com 서울 중구 통일로2길 16, 6층(AIA타워)
아이리스자산운용 주식회사	-	- -
아이비케이자산운용	02-727-8800	www.ibkasset.com 서울 영등포구 은행로30 (여의도동, 중소기업중앙회 신관11층)
아이스텀자산운용 주식회사	02-6001-2400	www.istum.co.kr 서울 강남구 영동대로 517, 7층(삼성동, 아셈타워)
아이앤제이자산운용	02-501-3350	www.injib.com 서울 영등포구 국제금융로 20, 13층(여의도동, 율촌빌딩)
아이온자산운용	02-6927-0151	www.aioninvestment.com 서울 강남구 언주로 702, 라이브플렉스빌딩 4층
아크임팩트자산운용 주식회사	02-6332-7400	www.arkimpact.co.kr 서울 영등포구 여의나루로 67
안다자산운용	02-2156-2800	www.andaasset.com 서울 강남구 도산대로 318, 9층 (논현동 SB타워)
알에이케이자산운용	02-3775-4415	www.rak.co.kr 서울 영등포구 국제금융로 10 22층(여의도동, ONE IFC)
알지자산운용	02-6670-1800	www.rgasset.co.kr 서울 영등포구 여의나루로 27 사학연금회관 9층

회사명	전화번호	홈페이지	본점주소
알파에셋자산운용	02-769-7600	www.alphasset.com	서울 영등포구 국제금융로8길 25,3층(여의도동, 주택건설회관)
알펜루트자산운용	02-786-5240	-	서울 강남구 도산대로 317, 15층 15-1호 (신사동,호림아트센터)
앱솔루트자산운용	02-785-3343	www.absolutein.com	서울 영등포구 여의나루로81, 1202호 (여의도동, 파이낸셜뉴스빌딩)
얼라이언스번스틴자산운용	02-3707-3400	web.alliancebernstein.com	서울 중구 세종대로 파이낸스빌딩 14층
에너지인프라자산운용 주식회사	02-3775-9500	www.energyinfra.co.kr	서울 영등포구 국제금융로 56 미래에셋대우빌딩 16층
에머슨자산운용 주식회사	02-6030-4800	www.emerson-amc.com	서울 중구 을지로5길 26, 서관 13층 (수하동, 미래에셋센터원)
에셋원자산운용	02-6353-7300	www.assetonekorea.com	서울 영등포구 의사당대로 82, 6층 (여의도동, 하나금융투자빌딩)
에셋플러스자산운용	1544-7878	www.assetplus.co.kr	경기도 성남시 분당구 판교역로 192번길 14(삼평동,리치투게더센터)
에스아이케이자산운용 주식회사	02-2037-4512	-	서울 중구 세종대로 136 서울파이낸스빌딩 13층
에스피자산운용 주식회사	02-3780-8900	www.simonepartners.com	서울 영등포구 여의나루로 57, 1901-1호 (여의도동, 신송센타빌딩)
에이디에프자산운용	02-3783-0580	www.adfamc.com	서울 중구 세종대로 136, 10층 (태평로1가, 서울파이낸스센터)
에이비엘글로벌자산운용 주식회사	02-2071-9900	www.allianzgi.co.kr	서울 영등포구 의사당대로 147 ABL타워 18층
에이아이파트너스자산운용 주식회사	-	-	-
에이원자산운용	-	-	-
에이치디씨자산운용 주식회사	02-3215-3000	www.hdcasset.com	서울 영등포구 국제금융로8길 11,2층(여의도동)
에이치알자산운용 주식회사	02-592-2414	www.hrasset.co.kr	서울 서초구 서초대로 397 5층 (서초동, 부띠크모나코)

회사명	전화번호	홈페이지 본점주소
에프지자산운용	02-6137-9720	www.fgam.co.kr 서울 영등포구 여의도동 23번지 ThreeIFC 43층
엑스포넨셜자산운용	-	- -
엔에이치아문디자산운용 주식회사	02-2368-3600	www.nh-amundi.com 서울 영등포구 국제금융로8길 2, 농협재단빌딩 10층
엘비자산운용 주식회사	02-6226-7474	www.lb-amc.com 서울 종로구 종로5길 7 타워8 7층
엘케이자산운용 주식회사	02-6913-7100	www.lkasset.com 서울 영등포구 여의공원로 101(여의도동) C.C.M.M빌딩 409호
엠플러스자산운용	02-6007-4700	www.mplusasset.co.kr 서울 강남구 남부순환로 2806, 군인공제회관 22층
오라이언자산운용 주식회사	02-782-9116	www.orioncm.co.kr 서울 영등포구 국제금융로 70, 19층(여의도동, 미원빌딩)
온자산운용	031-546-8717	www.on-asset.com 경기도 용인시 기흥구 흥덕1로 13, 흥덕IT밸리 타워동 901호
옵투스자산운용	02-877-2671	www.optus.co.kr 서울 관악구 관악로1, 서울대학교 G138동 컴퓨터연구소 516호
옵티머스자산운용(주)	02-6925-5000	www.optimusasset.com 서울 강남구 영동대로96길20 대화빌딩 1층
옵티멈자산운용 주식회사	-	- -
우리프라이빗에퀴티자산운용	02-6730-1200	www.wooripe.com 서울 중구 세종대로 136, 서울파이낸스센터 6층
웰스자산운용	02-780-9380	wwww.wealth1.co.kr 서울 영등포구 의사당대로1길 34, 702호(여의도동 인영빌딩)
위너스자산운용	-	- -
위플러스자산운용 주식회사	02-2070-7100	- 서울 영등포구 국제금융로6길 7,13층(여의도동 한양증권빌딩)
유경PSG자산운용	02-2090-3300	www.rkpsg.com 서울 영등포구 국제금융로6길 38 (여의도동, 한국화재보험협회 14층)

회사명	전화번호	홈페이지 / 본점주소
유나이티드파트너스자산운용 주식회사	-	-
		-
유리자산운용	02-2168-7900	www.yurieasset.co.kr
		서울 영등포구 국제금융로 6길 17, 부국증권빌딩 9층
유리치자산운용	02-783-7300	www.urichasset.com
		서울 영등포구 여의나루로67, 301호 (여의도동, 신송빌딩)
유진자산운용	02-21293300	fund.eugenefn.com
		서울 영등포구 국제금융로 24 유진그룹빌딩 3층(여의도동)
이든자산운용 주식회사	-	-
		-
이스트스프링자산운용코리아	02-2126-3500	www.eastspringinvestments.co.kr
		서울 영등포구 여의대로 70 신한금융 투자타워 15층
이지스자산운용주식회사	02-6959-3100	www.igisam.com
		서울 영등포구 여의공원로 115 세우빌딩 14층
인벡스자산운용 주식회사	02-785-3882	www.invex.co.kr
		서울 강남구 선릉로 146길 27-5(청담동, JP팰리스 4층)
인트러스투자운용 주식회사	-	-
		-
자비스인베스트먼트주식회사	-	-
		-
제이비자산운용	02-3782-5000	www.jbam.co.kr
		전라북도 전주시 덕진구 백제대로 566(금암동, 전북은행빌딩)
제이씨에셋자산운용 주식회사	02-6137-9555	-
		서울 영등포구 국제금융로 10길 33층(여의도동 Three IFC)
제이알투자운용 주식회사	02-564-4549	www.jramc.com
		서울 중구 을지로 100, 비동 21층 (을지로2가, 파인에비뉴)
제이앤제이자산운용 주식회사	02-785-7444	www.jnjasset.com
		서울 영등포구 국제금융로8길 6, 11층(여의도동, 신영증권 별관빌딩)
제이에스자산운용	02-6958-9066	www.jsfund.co.kr
		서울 강남구 봉은사로 21길 6, 하이코빌딩 3층
제이피모간자산운용코리아	02-758-5200	www.jpmorganam.co.kr
		서울 중구 정동 34-35

회사명	전화번호	홈페이지 / 본점주소
제이피에셋자산운용(주)	02-769-5200	www.jpasset.net
		서울 영등포구 여의나루로 67, 1001호
지브이에이자산운용 주식회사	02-6276-5100	www.gvaasset.com
		서울 영등포구 여의공원로 111, 2층 202호 (여의도동, 태영빌딩)
지알이파트너스자산운용 주식회사	02-6137-9090	www.greamc.com
		서울 영등포구 국제금융로 10, 28층(여의도동)
지지자산운용(주)	02-718-5678	www.ggfund.co.kr
		서울 용산구 청파로49길 3 지지옥션빌딩5층
지큐자산운용	-	-
		-
칸서스자산운용	02-2077-5000	www.consus.co.kr
		서울 용산구 한강대로 372 18층 (동자동, 케이디비생명타워)
캡스톤자산운용 주식회사	02-569-0871	www.capstoneam.co.kr
		서울 강남구 테헤란로 412, 삼성생명대치2빌딩 11층
케이클라비스자산운용	02-2070-3800	www.kclavis.com
		서울 영등포구 국제금융로 2길 25 (여의도동, 한진해운빌딩 12층)
켄달스퀘어자산운용 주식회사	02-6137-9190	www.kendallsquareamc.com
		서울 영등포구 국제금융로10, 35층(Three IFC)
코너스톤자산운용 주식회사	-	-
		-
코람코자산운용	02-787-0101	www.koramcofund.co.kr
		서울 강남구 삼성로 511, 2층(삼성동, 골든타워)
코레이트자산운용	02-3774-6114	www.koreitasset.com
		서울 영등포구 국제금융로 10 (TWO IFC 14층)
쿼드자산운용	02-786-1830	www.quadim.com
		서울 종로구 종로1길 50, 에이동10층(중학동, 더케이트윈타워)
쿼터백자산운용 주식회사	02-6105-6511	www.qbinvestments.com
		서울 영등포구 국제금융로 10 (여의도동, 서국제금융센터 쓰리아이에프씨 18층)
키움투자자산운용	02-789-0300	www.kiwoomam.com
		서울 영등포구 여의나루로4길 18 키움파이낸스스퀘어 15층
키웨스트글로벌자산운용 주식회사	-	-
		-

회사명	전화번호	홈페이지	본점주소
타이거자산운용투자자문	070-4015-8878	www.tigerinv.co.kr	서울 강남구 테헤란로7길 11, 301호 (역삼동, 한덕빌딩 3층)
타임폴리오자산운용	02-533-8940	www.timefolio.co.kr	서울 영등포구 여의도동 23-10 삼성생명여의도빌딩 19층
토터스자산운용 주식회사	02-2058-0231	www.torpar.com	서울 강남구 논현로26길 52, 2층(도곡동, 한설빌딩)
트러스톤멀티자산운용 주식회사	02-2088-1840	www.trustonmulti.com	서울 영등포구 여의대로 66, KTB빌딩 7층
트러스톤자산운용	02-6308-0500	www.trustonasset.com	서울 영등포구 여의대로 66,10층(여의도동)
트리니티자산운용 주식회사	02-799-7800	www.trinityinvest.co.kr	서울 영등포구 국제금융로8길 11, 13층 트리니티자산운용(여의도동, 대영빌딩)
티엘자산운용 주식회사	02-783-8883	www.tyelam.com	서울 영등포구 국제금융로8길 11, 521호(여의도동, 대영빌딩)
파란자산운용	02-6279-0099	paranasset.co.kr	서울 영등포구 여의나루로71, 15층 06호(여의도동, 동화빌딩)
파레토자산운용	02-785-7050	www.paretofn.co.kr	서울 영등포구 국제금융로 8길 25(여의도동) 주택건설회관 702호
파인밸류자산운용	02-783-5069	www.findvalue.co.kr	서울 영등포구 여의도동 12 CCMM빌딩 10층
파인스트리트자산운용 주식회사	02-6970-3700	www.pinestreetgrp.com	서울 마포구 양화로 45, 세아타워 18층
파인아시아 자산운용	02-780-2545	www.passet.co.kr	서울 영등포구 여의도동 24 한주빌딩 5층
파인트리자산운용	070-8622-4778	-	서울 영등포구 국회대로62길 9(여의도동,산림비전센터 7층)
퍼시픽자산운용	02-2135-1481	www.pacific-amc.com	서울 강남구 논현로 430, 14층(역삼동, 아세아타워)
페블스톤자산운용 주식회사	02-2000-6805	www.ps-amc.com	서울 중구 소공로 109 소공동 한화빌딩 7층(04525)
페트라자산운용	02-3774-0978	www.petracm.com	서울 영등포구 은행로 25, 9층 (여의도동, 안원빌딩)

회사명	전화번호	홈페이지 / 본점주소
포커스자산운용	02-569-5416	www.focusam.co.kr
		서울 강남구 봉은사로 306, 11층(역삼동, 엔케이빌딩)
포트코리아자산운용 주식회사	-	-
		-
푸른파트너스자산운용	02-512-7677	www.prpt.co.kr
		서울 서초구 강남대로 581(잠원동, 푸른빌딩)
프랭클린템플턴투자신탁운용	02-3774-0600	www.franklintempleton.co.kr
		서울 영등포구 여의공원로 101
플랫폼파트너스자산운용 주식회사	02-546-9660	www.platformasset.com
		서울 강남구 압구정로 36길 4
플러스자산운용	02-3787-2700	www.plusasset.com
		서울 영등포구 여의나루로 27 사학연금회관 13층
피데스자산운용	02-567-8400	www.fides.co.kr
		서울 영등포구 여의도동 26-4 교보증권빌딩 14층
피델리스자산운용	02-798-9584	fidelisam.co.kr
		서울 강남구 테헤란로 447, 17층(삼성동, 케이비우준빌딩)
피델리티자산운용	02-378-30901	www.fidelity.co.kr
		서울 중구 세종대로 136 서울파이낸스센터 6F
피아이에이자산운용	02-2135-1561	piadvisor.com
		서울 중구 세종대로 136,15층(태평로1가, 서울 파이낸스센터)
피티알자산운용	-	-
		-
하나대체투자자산운용	02-2190-6500	www.hana-assetmanagement.com
		서울 강남구 테헤란로 512 10층(대치동, 신안빌딩)
하나유비에스자산운용	02-377-17800	www.ubs-hana.com
		서울 영등포구 의사당대로 82 (여의도동)
하우자산운용	02-2050-4700	www.howasset.com
		서울 강남구 테헤란로 427,16층 (삼성동)
하이자산운용	02-727-2721	www.hi-am.com
		서울 영등포구 여의나루로 61 하이투자증권빌딩 11,12층
한강에셋자산운용 주식회사	02-6137-6731	www.hangangasset.com
		서울 영등포구 국제금융로10, Two IFC빌딩 6층

회사명	전화번호	홈페이지	본점주소
한국교통자산운용	02-6328-8800	-	서울 중구 수표로45(저동2가) 11
한국대성자산운용 주식회사	02-2088-3426	-	서울 영등포구 국제금융로8길 19, 중앙빌딩 401호
한국대안투자자산운용 주식회사	02-535-6050	www.thekaic.com	서울 서초구 사평대로26길 48, 5층(반포동,미성빌딩)
한국성장금융투자운용(주)	02-2090-9100	www.kgrowth.or.kr	서울 영등포구 여의나루로 76 한국거래소 별관 4층
한국자산에셋운용 주식회사	02-2166-1000	www.kaimfund.com	서울 강남구 테헤란로 306 카이트타워 16층
한국투자밸류자산운용	02-3276-6000	www.koreavalueasset.com	서울 영등포구 의사당대로 88
한국투자신탁운용	02-3276-4700	www.kim.co.kr	서울 영등포구 의사당대로 88
한앤파트너스자산운용 주식회사	02-783-0219	www.hannpartnersasset.co.kr	서울 영등포구 의사당대로 38, 101동 1110호 (여의도동, 더샵아일랜드파크)
한일퍼스트자산운용 주식회사	02-780-5810	www.hanilfirst.com	서울 영등포구 여의대로 8,제비동 3102호 (여의도동,여의도파크센터)
한화자산운용	02-6950-0000	www.hanwhafund.com	서울 영등포구 63로 50, 한화금융센터_63 49층,50층, 51층, 52층
헤이스팅스자산운용 주식회사	02-6929-0115	www.hastings.co.kr	서울 영등포구 국회대로 62길 14, 901호 (여의도동, 한국보이스카우트연맹회관)
현대인베스트먼트자산운용	02-6276-7000	www.hdfund.co.kr	서울 영등포구 국제금융로8길 16 신영증권빌딩 10층
현대자산운용	02-2090-0500	www.hyundaiam.com	서울 영등포구 은행로 30, 신관6층
휴먼자산운용	02-733-6085	www.humanfolio.co.kr	서울 종로구 경희궁1가 길 9
흥국자산운용(주)	02-2122-2800	www.hkfund.co.kr	서울 종로구 새문안로 68(신문로1가) 흥국생명빌딩 19층

부동산신탁

회사명	전화번호	홈페이지 / 본점주소
KB부동산신탁(주)	02-2190-9800	www.kbret.co.kr 서울 강남구 테헤란로 124
국제자산신탁	02-6202-3000	www.kukjetrust.com 서울 강남구 테헤란로419, 20층
대한토지신탁	02-528-4477	www.reitpia.com 서울 강남구 영동대로 517 (삼성동, 아셈타워 26층)
무궁화신탁	02-3456-0000	www.mgtrust.co.kr 서울 강남구 테헤란로 534,19층(대치동,글라스타워빌딩)
생보부동산신탁	02-3404-3404	www.sbtrust.co.kr 서울 서초구 강남대로 299 (서초동)
아시아신탁	02-2055-0000	www.asiatrust.co.kr 서울 강남구 영동대로 416, 13층(대치동, 케이티앤지타워)
코람코자산신탁	02-787-0000	www.koramco.co.kr 서울 강남구 삼성로 511 골든타워 4층
코리아신탁	02-3430-2000	www.ktrust.co.kr 서울 강남구 테헤란로 508(대치동, 해성2빌딩 10층)
하나자산신탁	02-3287-4600	www.hanatrust.com 서울 강남구 테헤란로 127, 15층 (역삼동, 하나금융그룹 강남사옥)
한국자산신탁	02-2112-6300	www.kait.com 서울 강남구 테헤란로 306 카이트타워
한국토지신탁	02-3451-1100, 02-3451-1114	www.koreit.co.kr 서울 강남구 테헤란로 309 삼성제일빌딩

신용카드사

회사명	전화번호	홈페이지	본점주소
KB국민카드	1588-1688	card.kbcard.com	서울 종로구 새문안로 3길 30 (내수동)
롯데카드(주)	1588-8100	www.lottecard.co.kr	서울 중구 소월로 3 롯데손해보험 빌딩
비씨카드주식회사	1588-4000	www.bccard.com	서울 서초구 효령로 275
삼성카드주식회사	1588-8700	www.samsungcard.com	서울 세종대로 67
신한카드	1544-7000	www.shinhancard.com	서울 중구 소공로 70
우리카드	1577-9000	sccd.wooribank.com	서울 종로구 종로1길 50
하나카드 주식회사	1800-1111	www.hanacard.co.kr	서울 중구 남대문로 9길 24
현대카드주식회사	1577-6000	www.hyundaicard.com	서울 영등포구 의사당대로3 현대캐피탈빌딩

리스사

회사명	전화번호	홈페이지	본점주소
BNK캐피탈(주)	1577-2280	www.bnkcapital.co.kr	부산 부산진구 새싹로1, 부산은행 부전동지점 9층
DGB캐피탈	02-2193-7790	www.dgbfncapital.co.kr	서울 강남구 언주로 30길 39, SE타워 18층
KB캐피탈	1544-1200	www.kbcapital.co.kr	서울 서초구 서초대로 301 동익성봉빌딩
데라게란덴 주식회사	02-551-2466	-	-
도이치파이낸셜 주식회사	1544-6110	-	서울 서초구 양재대로11길 36 은관-103
롯데오토리스 주식회사	1899-8700	-	경기 안양시 동안구 전파로 88(호계동, 신원비젼타워)
메이슨캐피탈 주식회사	063-287-5305	-	전북 전주시 완산구 기린대로 213 전주대우빌딩 13층

회사명	전화번호	홈페이지
		본점주소
무림캐피탈주식회사	02-3709-8800	-
		서울 중구 소공로 109, 10층(소공동)
비엠더블유파이낸셜서비스 코리아(주)	02-513-3300	-
		서울 중구 퇴계로 100 스테이트타워남산 12층
KDB캐피탈(주)	02-6330-0114	www.kdbcapital.co.kr
		서울 영등포구 은행로 30 (여의도동)
스타파이낸셜서비시스 주식회사	02-580-5110	-
		서울 강남구 언주로 609 (논현동, 팍스타워 12층)
신한캐피탈㈜	1544-6800	www.shcap.co.kr
		서울 중구 청계천로 54 (신한은행 광교빌딩 7F~12F)
씨앤에이치캐피탈㈜	02-3287-5000	-
		경기도 부천시 원미구 상동 447
애큐온캐피탈	1577-5511	www.ktcapital.co.kr
		서울 강남구 삼성로 511
에이제이캐피탈파트너스㈜	031-8005-5950	-
		경기도 용인시 기흥구 상하동 319-1
오릭스캐피탈코리아	02-2050-6700	-
		서울 강남구 테헤란로317 10층(역삼동, 동훈타워)
오케이캐피탈 주식회사	1577-5001	www.okaycapital.co.kr
		서울 중구 세종대로 39, 10층
주식회사 중동파이넨스	032-870-9509	-
		인천광역시 남구 길파로 53(주안동)
토요타파이낸셜서비스 코리아	02-2192-6070	www.tfskr.co.kr
		서울 강남구 테헤란로 203 S.I타워 24F
폭스바겐파이낸셜서비스 코리아㈜	02-513-3100	-
		서울 강남구 영동대로 731 (청담동, 신영빌딩)
한국캐피탈주식회사	042-480-8000	-
		대전광역시 서구 둔산서로 81
한국투자캐피탈㈜	02-3276-5010	-
		서울 영등포구 의사당대로 88
현대커머셜주식회사	02-1577-5200	-
		서울 영등포구 국회대로66길 3
홈앤캐피탈	-	-
		-
효성캐피탈주식회사	02)2018-0600	-
		서울 강남구 도산대로 306

할부금융사

회사명	전화번호	홈페이지	본점주소
(주)에코캐피탈	02-6942-7531	-	서울 강남구 도산대로130 하림타워 4층
DB캐피탈	02-2264-7000	-	서울 중구 남대문로 113
JB우리캐피탈주식회사	1688-2300	www.wooricap.com	전북 전주시 덕진구 금암1동 669-2 전북은행빌딩 18층
㈜에스피씨캐피탈	02-2276-6900	-	서울 서초구 남부순환로 2620
㈜제이엠캐피탈	051-928-9127	-	부산광역시 연제구 법원로32번길 15(거제동)
동화캐피탈 주식회사	032-265-3204	-	인천 서구 염곡로 52 엠파크허브 324호
롯데캐피탈주식회사	1577-7700	www.lottecap.com	서울 강남구 테헤란로 142 캐피탈타워 4층
메르세데스벤츠파이낸셜 서비스코리아	02-1577-2320	-	서울 중구 한강대로 416, 9층
메리츠캐피탈(주)	02-6309-3700	-	서울 영등포구 여의도동 34-10
스카니아파이낸스코리아(주)	02-3218-3700	-	경남 사천시 사남면 방지리 사천지방산업단지 8블록
아주캐피탈주식회사	1544-8600	www.ajucapital.co.kr	대전시 서구 대덕대로 239
알씨아이파이낸셜 서비스코리아	1588-6750	www.renaultcapital.co.kr	서울 금천구 가산디지털2로 30 RSM 타워 9층
에스와이오토캐피탈㈜	1661-1400	-	경기도 평택시 동삭로 455-12(칠괴동)
엔에이치농협캐피탈	1644-3700	www.nhcapital.co.kr	서울 영등포구 여의도동 45-3 NH농협캐피탈빌딩
웰릭스캐피탈주식회사	02-851-6300	-	서울 구로구 디지털로 300, 7층(지밸리비즈플라자)
제이티캐피탈㈜	1566-7799	www.jt-capital.co.kr	-

회사명	전화번호	홈페이지 본점주소
코스모캐피탈(주)	02-3453-5600	- 서울 마포구 월드컵북로 136, 9층(성산동, 신안빌딩)
하나캐피탈주식회사	1599-7942	www.hanacapital.co.kr 경기도 과천시 별양상가2로 42, 코오롱타워7층 (별양동)
하이델베르그프린트 파이낸스코리아(주)	02-749-1888	- 서울 용산구 독서당로 85
한국자산캐피탈 주식회사	02-2018-3000	- 서울 강남구 테헤란로 306(역삼동,카이트타워)
현대캐피탈주식회사	1588-2114	www.hyundaicapital.com 서울 영등포구 의사당대로3

신기술금융사

회사명	전화번호	홈페이지 본점주소
(주)디에이밸류인베스트먼트	-	- 서울 강남구 테헤란로87길 39 2층(삼성동, 심스빌딩)
(주)에스인베스트먼트	-	- -
(주)에이치씨인베스트먼트	02-780-6400	- 대구광역시 북구 노원로 23길 16-1
(주)에이치인베스트먼트	-	- -
(주)와이지인베스트먼트	02-3140-4626	- 서울 강남구 도산대로 15길 12,3층(신사동,가로수빌딩)
(주)위드윈인베스트먼트	02-780-3215	- 서울 강남구 테헤란로87길 22, 519호(삼성동)
(주)코너스톤투자파트너스	02-6324-3303	- 서울 강남구 강남대로 308, 1306호
IBK캐피탈	02-531-9300	- 서울 강남구 테헤란로 414 L&B 타워
㈜NHN인베스트먼트	02-2136-4500	- 서울 강남구 영동대로 416 (대치동,KT&G타워 7층)

회사명	전화번호	홈페이지	본점주소
㈜더블유투자금융	02-6237-1024	-	서울 강남구 언주로 148길 19, 4층 403호
㈜솔론인베스트먼트	02-538-5585	-	서울 강남구 테헤란로87길 22(4층 418호)
㈜엔베스터	02-2016-5500	-	서울 강남구 테헤란로87길 36,2306호
㈜케이클라비스인베스트먼트	02-2070-3840	-	서울 영등포구 국제금융로2길25 12층
㈜케이티인베스트먼트	02-739-8356	-	서울 종로구 율곡로6 트윈트리타워 A동 13층
나우아이비캐피탈	02-565-6234	-	서울 강남구 삼성로 511 골든타워 11층
농심캐피탈	051-638-9100	-	부산시 남구 문현3동 205-1
롯데액셀러레이터(주)	-	-	-
메가인베스트먼트 주식회사	02-3453-2540	-	서울 서초구 서초중앙로22길 17 서초메가스터디빌딩 4층
미래에셋캐피탈주식회사	02-3774-5943	-	서울 중구 을지로5길 26, 동관 12층
미래에쿼티파트너스 주식회사	02-2183-3935	-	서울 강남구 테헤란로 322 한신인터밸리24
브라만인베스트먼트	-	-	-
삼성벤처투자주식회사	02-2255-0299	-	서울 서초구 서초대로74길 11, 삼성전자빌딩 29층
수앤파이낸셜인베스트먼트 주식회사	02-2055-2501	-	서울 서초구 사평대로 140 코웰빌딩 8층 수앤파이낸셜인베스트먼트
시너지아이비투자㈜	02-586-5982	-	서울 서초구 강남대로 275(서초동)
아주아이비투자(주)	02)3451-9200	-	서울 강남구 테헤란로 201 아주빌딩 4,5층
에스티캐피탈(주)	-	-	-

회사명	전화번호	홈페이지 / 본점주소
에이스투자금융(주)	02-6911-1000	www.acefn.co.kr / www.acefn.com 서울 영등포구 여의나루로 67, 2층 (여의도동, 신송빌딩)
우리기술투자	02-2008-3100	- 서울 강남구 테헤란로 522(대치동, 홍우빌딩 14층)
제니타스 인베스트먼트	02-2261-1372	- 서울 용산구 이태원로 200, 7층(이태원동)
제미니투자 주식회사	02-2051-9631	- 서울 서초구 서초대로 78길 5, 대각빌딩 10층
주식회사 액시스인베스트먼트	02-545-0880	- 서울 강남구 봉은사로 215,7층(논현동,kts빌딩)
주식회사 옐로우독	02-2289-1581	- 제주특별자치도 제주시 도령로129,5층
주식회사 유비쿼스인베스트먼트	070-7770-9935	- 서울 강남구 테헤란로98길 15, 9층
주식회사 이앤인베스트먼트	02-501-3714	- 서울 강남구 강남대로 310 (역삼동, 유니온센터)
지엠비인베스트먼트 주식회사	02-6205-9010	- 서울 강남구 테헤란로 437, 7층(삼성동, 삼영빌딩)
코리아오메가투자금융㈜	02-2269-4201	- 서울 중구 퇴계로 166(주자동)
큐캐피탈파트너스(주)	02-538-2411~2	- 서울 강남구 테헤란로 306
킹고투자파트너스(주)	-	- -
티그리스인베스트먼트㈜	02-541-4201	- 서울 강남구 봉은사로 469, 8층 (삼성동,에스타워)
포스코기술투자 주식회사	054-279-8486	- 경북 포항시 남구 지곡로 56(지곡동)
한빛인베스트먼트(주)	02-521-7141	- 서울 서초구 서초동 1422-6 원림빌딩 10층
현대투자파트너스(주)	-	- -

저축은행

회사명	전화번호	홈페이지	본점주소
DB저축은행	02-3705-1700	www.dongbubank.co.kr	서울 중구 남대문로 113
NH저축은행	02-1588-5191	www.nhsavingsbank.co.kr	서울 강남구 역삼동 테헤란로 317 동훈타워 2~3층
KB저축은행	1899-0900	www.kbsavings.com	서울 송파구 송파대로 260
강원상호저축은행	033-252-8411	www.gangwonbank.co.kr	강원 춘천시 금강로 40 (낙원동,강원저축은행)
고려저축은행	1877-9900	www.goryosb.co.kr	부산 동구 중앙대로 449 (좌천동 520-1)
공평저축은행	1577-1771	www.gpsavings.com	경기 성남시 분당구 황새울로 358(서현동)
구미상호저축은행	054-452-1101	www.gumisavingsbank.com	경북 구미시 원평동 126-2
국제저축은행	051-636-2121	www.kukjebank.co.kr	부산 부산진구 중앙대로 612 (범천1동)
금화저축은행	032-526-6000	www.kuemhwabank.co.kr	인천 부평구 부흥로 307 (부평4동)
남양저축은행	031-566-3300	www.nybank.co.kr	경기 구리시 검배로 10 (수택동)
대명상호저축은행	043-640-5000	www.daemyungbank.co.kr	충북 제천시 중앙로2가 25-6
대백저축은행	053-742-3301	www.debecbank.co.kr	대구 수성구 달구벌대로 2382-1 (범어1동)
대신저축은행	1644-5600	bank.daishin.com	서울 중구 삼일대로 343,17층
대아상호저축은행	054-280-9200	www.daeabank.com	경북 포항시 북구 중흥로 321 (죽도동)
대원상호저축은행	054-773-2222	www.d-banks.co.kr	경북 경주시 북문로 126 (성동동)
대한저축은행	062-527-5701	www.daehanbank.co.kr	광주 북구 금남로 128 (누문동)

회사명	전화번호	홈페이지 본점주소
더블저축은행	062-223-5506	www.doublebank.co.kr 광주 동구 충장로4가 (충장로4가)
더케이저축은행	02-569-5600	www.thekbank.co.kr 서울 강남구 테헤란로 323 (역삼동 702-23)
동양저축은행	062-720-0800	www.dysbank.com 광주 동구 중앙로 198 동양저축은행 (금남로3가)
동원제일저축은행	055-370-6714	dongwonjeilbank.kr 경남 양산시 중앙우회로 144 동원제일저축은행 (북부동)
드림상호저축은행	053-663-5000	dreamsb.com 대구 중구 국채보상로 645 (동인동2가)
디에이치저축은행	051-867-7701	www.dhsavingsbank.co.kr 부산 연제구 중앙대로 1079(연산동, 장천빌딩)
머스트삼일저축은행	054-275-4060	www.samilbank.co.kr 경북 포항시 북구 장량로 154 (양덕동)
모아저축은행	032-430-3300	www.moasb.co.kr 인천 남구 경인로 406 (주안4동)
민국저축은행	02-2271-0071	www.mkb.co.kr 서울 중구 퇴계로 234
부림저축은행	031-443-3800	www.bulimbank.co.kr 경기 안양시 만안구 장내로 124 부림저축은행(안양동)
비엔케이저축은행	1644-9988	www.bnksb.com 부산광역시 부산진구 범일로 177
삼보상호저축은행	02-595-4321	www.sbbank.co.kr 서울 관악구 보라매로 15 (주)삼보상호저축은행
삼정상호저축은행	031-791-6411	www.samjungsaving.co.kr 경기 하남시 신장로 146 0
삼호저축은행	1588-0568	samhosb.co.kr 전북 전주시 완산구 현무2길 70(경원동3가)
세람상호저축은행	1588-6781	www.serambank.co.kr 경기 이천시 중리천로 50 (중리동)
세종상호저축은행	041-573-5300	www.sjsavingsbank.co.kr 충남 천안시 서북구 쌍용대로 231 (성정1동)

회사명	전화번호	홈페이지	본점주소
센트럴저축은행	062-224-4010	www.centralbank.co.kr	광주 동구 금남로 167 (금남로5가)
솔브레인저축은행	051-861-8600	www.soulbrainsb.co.kr	부산 연제구 중앙대로 1094 (연산동)
스마트저축은행	1661-3651	www.smartbank.co.kr	광주 동구 중앙로 199(금남로4가)
스카이저축은행	1588-4111	www.skysb.co.kr	서울 강남구 학동로 103 3층 (논현동,스카이저축은행)
스타저축은행	063-277-1311	www.e-starbank.co.kr	전북 전주시 덕진구 팔달로 320
신안상호저축은행	02-3467-0100	www.shinanbank.co.kr	서울 강남구 대치동 943-19
신한저축은행	1644-7777	www.shinhansavings.com	서울 중구 청계천로 54
아산상호저축은행	041-537-9000	www.asanbank.co.kr	충남 아산시 시민로 381 (온천동)
아이비케이저축은행	051-791-4300	www.ibksb.co.kr	부산 부산진구 중앙대로 735 (부전동)
아주저축은행	1599-0038	www.ajusavingsbank.co.kr	충북 청주시 상당구 남사로 135(남문로2가)
안국저축은행	031-941-7271	www.angukbank.co.kr	경기도 파주시 금정20길 22
안양저축은행	031-441-4141	www.anyangbank.co.kr	경기 안양시 만안구 안양1동 622-218
애큐온저축은행	1588-6161	www.hksb.co.kr	서울 강남구 논현동 199-2
에스비아이저축은행	1566-2210	www.sbisb.co.kr	서울 중구 을지로5길 26, 9층, 10층, 11층(미래에셋센터원빌딩 동관)
에스앤티저축은행	055-222-8100	www.hisntm.com	경남 창원시 성산구 중앙대로 85 1층 (중앙동,리제스타워)
엠에스상호저축은행	053-756-5200	www.mssb.co.kr	대구 수성구 달구벌대로 2532

회사명	전화번호	홈페이지 본점주소
영진상호저축은행	032-651-2121	www.yjbank.co.kr 경기 부천시 부일로 472 (심곡2동)
예가람저축은행	1877-7788	www.yegaramsb.co.kr 서울 강남구 삼성로 531 (삼성동,고운빌딩)
오성상호저축은행	054-452-7861	www.osungbank.co.kr 경북 구미시 역전로 8 (원평동)
오에스비저축은행	1644-0052	osb.co.kr 서울 서초구 서초중앙로 203
오케이저축은행	02-1899-7979	www.oksavingsbank.com 서울 중구 세종대로 39 10층 (남대문로4가, 대한서울상공회의소)
오투저축은행	1661-0022	www.o2banking.com 대전 서구 대덕대로 193 (둔산동, 하나빌딩)
우리저축은행	051-811-9400	wooleebank.co.kr 부산 부산진구 중앙대로 723 (부전동)
웰컴저축은행	1661-9400	www.welcomebank.co.kr 서울 구로구 디지털로 300 (구로동,지밸리비즈플라자)
유니온상호저축은행	053-256-4000	www.kusb.co.kr 대구 중구 전동 12-2번지
유안타저축은행	02-6022-3700	www.yuantasavings.co.kr 서울 강남구 강남대로 542 (논현동,영풍빌딩)
유진저축은행	1544-6700	www.hyundaisb.com 서울 강남구 선릉로 652(삼성동)
융창상호저축은행	02-2685-0001	www.ycbank.co.kr 경기 광명시 철산로 5 , 1층 (철산3동,융창빌딩)
인성저축은행	032-865-3911	www.insungbank.co.kr 인천 남구 경인로 339
인천저축은행	032-421-2111	www.incheonbank.com 인천 남구 경인로 473 (주안6동)
제이티저축은행	1688-8877	www.jt-bank.co.kr 경기 성남시 분당구 황새울로 324 (서현동)
제이티친애저축은행	1544-9191	loan.jtchinae-bank.co.kr 서울 강남구 테헤란로 317

회사명	전화번호	홈페이지 본점주소
조은저축은행	02-2260-0700	www.choeunbank.com 서울 강남구 강남대로 574 전기공사공제조합 2,3층 (논현1동)
조흥저축은행	1544-3636	chbank.net 경남 통영시 항남5길 9 (항남동)
진주저축은행	055-740-0100	www.jinjubank.net 경남 진주시 진양호로 532 (동성동)
참저축은행	053-720-7300	www.charmbank.co.kr 대구 수성구 달구벌대로 2421 (범어동, 참저축은행)
청주저축은행	043-256-9114	www.cheongjubank.com 충북 청주시 상당구 사직대로350번길 53 (서문동)
키움YES저축은행	02-558-2501	www.kiwoomyesbank.com 서울 강남구 논현로 422 (역삼2동)
키움저축은행	1670-0077	www.kiwoombank.com 경기 부천시 부천로 157 (춘의동)
페퍼저축은행	1599-0722	www.pepperbank.kr 경기 성남시 분당구 분당로 55 13층 (서현동, 퍼스트타워)
평택상호저축은행	031-659-3300	www.ptbank.co.kr 경기 평택시 평택동 66-19
푸른상호저축은행	02-545-9000	www.prsb.co.kr 서울 서초구 강남대로 581
하나저축은행	1899-1122	www.hanasavings.com 서울 강남구 테헤란로 127, 16층
한국투자저축은행	1577-6333	www.kisb.co.kr 경기 성남시 분당구 서현로 184
한성저축은행	1544-2115	www.hansungbank.co.kr 충북 옥천군 옥천읍 중앙로 32
한화저축은행	032-657-5000	www.hanwhasbank.com 경기 부천시 부천로 139 한화저축은행
흥국상호저축은행	051-925-2100	www.hkbanking.co.kr 부산 연제구 중앙대로 1076 (연산동)

상호금융

회사명	전화번호	홈페이지 본점주소
농협중앙회	1588-2100	www.nonghyup.com 서울 중구 통일로 120
수협중앙회	1588-1515	www.suhyup.co.kr 서울 송파구 오금로 62 수협중앙회
새마을금고 중앙회	02-2145-9114	www.kfcc.co.kr 서울 강남구 봉은사로 114길 20(삼성동) 새마을금고중앙회 빌딩
산림조합 중앙회	02-3434-7114	www.nfcf.or.kr 서울 송파구 석촌호수로 166
신협중앙회	042-720-1000	www.cu.co.kr 대전광역시 서구 한밭대로 745

주 금융회사별 현황은 금융사의 이전 및 기타 등의 사유로 정보내용이 변경될 수 있으며, 전업종 및 전체 금융기관을 수록하지는 않았음.

03 대출 상환 및 이자계산

1. 가계(개인) 대출

1) 대출기간의 계산방법

(1) 대출기간의 책정은 대출형식별로 정한기간을 최장기간으로 하며, 대출기간 책정의 세부기준은 각 금융기관의 운용기준에 따라 다르다.

(2) 월 또는 연으로 정한 경우에는 그 기간의 마지막 달의 실행 해당일을 기일로 한다. 다만, 종합통장자동대출, 가계당좌대출, 통장카드론은 마지막 달의 여신실행 해당일이 토요일 또는 공휴일인 경우, 동 해당일 이후 최초 도래하는 영업일을 해당 기일로 한다.

(3) 기간의 마지막 달에 대출실행 해당일이 없는 경우에는 그 달의 마지막 날을 기일로 한다.

(4) 일(日)로써 기일을 정한 경우에는 대출실행일부터 기산(기점으로 계산)하여 일수 해당일을 기일로 한다.

(5) 1건의 대출을 분할(아파트 중도금대출의 경우 중도금일자마다 해당 금액을 분할하여 대출)하여 실행하는 경우에는 최초 분할대출실행일부터 최종 상환일까지를 대출기간으로 하며, 최초 분할 실행일을 기준으로 거치기간(원금상환 없이 이자만 내는 기간), 이자납입일, 원금상환 기일 및 만기일을 정한다.

2) 원리금 상환 방법

(1) 일시상환 : 대출원금은 만기일에 일시에 상환하고 이자는 대출잔액에 대하여 매월 후납(선납 이자가 아닌 한달후에 이자 납부)한다.

(2) 원금균등 분할상환 : 원금은 매월 균등 분할하여 상환하고 이자는 대출잔액에 대하여 매월 후납한다.

(3) 원리금균등 분할상환 : 원금과 이자를 합하여 매일 같은 금액(동일금액)으로 후납한다.(같은 금액속에 원금과 이자는 매월 다르게 변경된다.)

(4) 고객원금지정 분할상환 : 할부기간(대출금 납입기간) 중 상환하는 원금은 고객이 지정하여 상환하고 이자는 후납하며, 고객이 지정한 상환원금은 대출분할 취급이나 일부상환이 있어도 지정원금의 변경 전까지 유지되고 만기일에 대출잔액이 있을 경우에는 전액 상환한다.

(5) 할부금고정 분할상환 : 대출실행 시에 최초할부금이 금리변동에 불구하고 만기까지 대출이 계속 유지되고 만기일에 대출 잔액이 있을 경우에는 전액상환해야 하며 일부상환이 있을 경우에는 재계산된 할부금을 적용 받을 수도 있다.

(6) 혼합상환(일시상환+원리금균등분할상환) : 일시상환방법에 해당하는 대출금(대출금액의 50% 이내)은 대출만기일에 일시상환 하고 원리금균등 분할상환방법에 해당하는 대출금(대출금액의 50% 이상)은 할부금을 할부기간 중 일정기간마다 상환하는 대출로 상환방법별 각각의 대출금에 대하여 대출이자 및 할부금을 합산한 금액을 납입 주기별 약정일에(대출원리금 납입일)납부한다.

(7) 한도거래대출(가계당좌대출, 종합통장자동대출) : 대출원금은 해당

만기일에 모계좌에 입금하여 상환하고 이자는 매월 제2번째 금요일(금융기관마다 다를수 있음) 현재로 결산하여 결산이자는 결산일 다음날에 모계좌의 예금잔액에서 자동으로 차감되거나 대출의 원금에 가산된다. 이와같은 경우에도 약정한 한도액을 초과하여 원가(차감 또는 가산)하지 못하며 원가하지 못한 이자는 미납이자(내지못한 이자)로 처리 된다. 다만, 대출약정을 해지하거나 거래 모계좌 통장을 해지하는 경우에는 약정해지일 또는 통장 해약일 현재로 결산(정산)한다.

㈜ 대출약정계좌에 압류, 질권설정, 사고신고가 등록되어 있는 경우에도 약정해지가 가능하다.

3) 대출이자 계산방법

(1) 대출금의 이자는 대출잔액에 소정(약정된)이율과 기간을 곱하여 산출한다. 일시상환(수신금리연동대출, 종합통장자동대출 포함)의 경우 일단위로, 분할 상환의 경우에는 월단위 또는 일단위로 계산하고, 지연배상금(연체원금 및 이자)은 별도로 정한 이율에 의거 일단위로 계산한다. 분할상환의 이자계산은 ① 월 단위 월 계산의 경우 모든 분할상환 대출 선택이 가능하고, ② 월 단위 일 계산의 경우는 원금균등 분할상환 또는 고객원금 지정 분할상환 대출의 경우 선택이 가능하다.

(2) 종합자동대출의 이자계산은 대출이자는 매일의 마감잔액을 기준으로 계산한다. 다만, 일중의 최고 잔액이 개시 및 마감잔액보다 클 때에는 개시잔액과 마감잔액 중 큰 금액을 최고 잔액에서 차감하고 그 차액을 마감잔액에 가산한 금액으로 한다.

(3) 약정이율이 연 이율일 경우에는 평년 또는 윤년에 불구하고 일 단위는 365일로, 월 단위는 12월로 나누어 계산된다.

4) 이자계산일수

(1) 이자계산

① 일시상환대출의 경우 대출일로부터 기일전일(기일이 토요일 또는 공휴일인 경우에는 그 다음 영업일 전일)까지이고 다만, 최초 이자납입의 경우에는 대출일로부터 납입기일까지로 한다.

② 분할상환대출의 경우에는 대출일 다음날부터 기일(기일이 토요일 또는 공휴일인 경우에는 그 다음 영업일)까지로 한다.

③ 이자를 양편넣기로 지급하는 차입금을 재원으로 하는 대출 및 대출금의 운용적수에 대하여 이자를 징수하는 대출 : 대출일로부터 기일(기일이 공휴일인 때에는 그 다음 영업일)까지

주 * 양편넣기 : 대출받는 날과 상환하는 날까지 기간동안 대출 발생일과 상환일 두날중 두날 모두 이자를 받는 방법

* 한편넣기 : 대출받는 날과 상환하는 날까지 기간동안 대출 발생일과 상환일 두날중 하루만 이자를 받는 방법

④ 취급당일 회수(상환)되는 대출은 1일분의 이자를 계산한다.

⑤ 일시상환 대출금을 만기일에 상환하지 아니한 때에는 약정이율을 적용하여 그 만기일 1일분의 이자를 계산한다.

⑥ 지연배상금은(연체원금과 이자)각 은행이 정한 기준을 따른다.

주 대출 상환 및 이자계산은 각 금융기관별 운영기준에 따라 다를 수 있음.

2. 대출(기업(법인)대출)

1) 대출기간

(1) 대출기간의 책정은 대출형식별로 정한기간을 최장기간으로 하며, 대출기간 책정의 세부기준은 각 금융기관의 운용기준에 따라 다르다.

① 어음대출 : 5년 이내

② 증서대출 : 운전자금대출은 일시상환 5년 이내, 분할상환 5년 이내(1년 이내 거치기간 포함) 시설자금 대출은 10년 이내(1년 초과대출의 경우 1/3범위 내 거치기간 포함)

③ 상호급부금 : 5년 이내

④ 상업어음 및 기타 기업어음할인 : 한도거래는 5년 이내, 개별거래는 대상 어음의 지급기일 이내

⑤ 원화지급보증 : 10년 이내에서 보증대상 채무의 종류를 감안하여 결정

⑥ 통장거래한도(기업당좌대출, 기업종합통장자동대출) : 5년 이내

⑦ 일반한도거래 : 5년 이내

⑧ 여신(대출)성 유가증권대여 : 3년이내

2) 이자계산

(1) 연리에 의한 이자는 원금에 이율과 일수를 곱한 후 일 단위 계산 대출은 이를 365(윤년 여부에 불구하고)로 월단위 계산 대출은 12로 나누어 계산하되, 외국환관련 대출 등 별도로 각 금융기관에서 정한 기준이 있는 경우에는 그에 따른다.

(2) 이자의 계산단위는 원으로 하고 산출된 이자 중 원 단위 미만금액은 버린다.

3) 이자계산 일수

(1) 이자계산 일수는 상환방법에 따라 계산되며, 대출실행 당일에 회수되는 대출은 1일분의 이자를 계산한다.

① 일시상환식 대출 : 대출실행 당일부터 납입기일 전일까지 계산한다. 다만, 납입기일이 토요일 또는 공휴일인 경우에는 익 영업일 전

일까지 계산한다.

② 분할상환식 대출 : 대출실행일 익일부터 납입기일까지 계산한다. 다만, 납입기일이 토요일 또는 공휴일인 경우에는 익 영업일 전일까지 계산한다.

4) 대출 원리금 납입

(1) 대출 원금은 대출만기일에 납입해야 하고, 이자는 대출 취급형식에 따라 어음대출, 어음할인은 선취 수입방식, 증서대출은 후취 수입방식으로 구분된다.

① 어음대출 : 원금은 기일에 납입하고 이자는 1월 이내 단위로 후납한다. 다만, 고객의 요청 등 부득이한 경우 고객의 동의 절차를 거쳐 예외적으로 선납할 수 있다.

② 증서대출(상호급부금 포함)

- 일시상환방식 : 원금은 기일에 납입하고 이자는 약정납입일에 후납한다.
- 분할상환방식 : 원리금은 약정된 분할상환기일마다 납입하고 이자는 약정납입일에 후납 한다.

③ 어음할인 : 원금은 납입기일에 납입하고 이자(할인료)는 어음기일 전일까지 계산하여 전액 선납한다.

④ 지급보증 : 보증서 발급일에 보증료를 전액 선납한다. 다만, 보증기간이 3개월을 초과하는 경우에는 3개월 단위로 선납할 수 있다.

⑤ 지연배상금 : 해당일에 납입하지 못한 원금과 이자는 금융기관별 정한 기준에 따른다.

㈜ 대출 상환 및 이자계산은 각 금융기관별 운영기준에 따라 다를 수 있음.

04 금융소득에 의한 이자 지급과 원천징수 (세금징수)

1. 예금이율

1) 예금거래에 적용되는 이율은 가입당시에 결정된다. 즉 입출금이 자유로운 예금뿐 아니라 거치식 예금이나 적립식예금의 경우에도 만기이율, 중도해지 이율 및 만기 후 이율이 가입당시에 결정됨이 원칙이다.

2) 거래기간 중 이율이 변경된 경우 입출금이 자유로운 예금은 변경된 때부터 변경된 이율을 적용한다. 거치식이나 적립식예금은 가입당시에 이율이 확정되는 고정금리가 원칙이지만, 변동금리를 적용하는 상품은 금리 변경 시 변경된 금리를 적용한다.

   주 대표적인 변동금리 상품 : 부금, 장기주택마련 저축, 주택청약부금(자유적립식), 금융기관별 상품이 다를 수 있음

3) 예금의 이율은 그 종류와 기간별로 구분하여 영업점에 공시하여야 하며, 이율을 변경하는 때에는 그 변경 내용을 영업점에 1개월 이상 게시한다.

2. 이자계산

1) 예금의 이자계산기간은 예금한 날로부터 지급하기 전날까지이다. 다만 "자기앞수표, 가계수표" 이외의 타점권(어음 등)으로 입금된 경우는 추심 결제된 날로부터 이자를 계산한다. 이자를 계산하는 금액 단위는

1원으로 하며, 계산된 이자금액의 원 단위 미만금액은 버린다.

2) 예금의 이자는 매일의 최종 잔액을 기준으로 한 일적수의 합계액에 정해진 이율을 곱하고 365로 나누어 계산한다. 이는 윤년에 불구하고 적용된다. 월 단위로 이자를 계산하는 경우는 원금에 연이율과 예치월수를 곱하고 12로 나누며, 월 적립방식에 의해 만기지급액을 정하는 예금은 월 적수에 의한 평균잔액에 정해진 이율을 곱하여 이자를 계산한다.

3) 그러나 위의 내용에 불구하고 상품별(MMDA, 복리식 예금, 자유적립식 예금) 또는 적용이율별(중도해지이율, 만기후 이율)로 이자계산방법을 달리하여 운용할 수 있다.

3. 펀드의 결산(집합투자기구의 결산)

1) 결산 개요

(1) 결산은 펀드의 「신탁회계기간」 또는 「신탁기간」 종료 일에 약관이 정하는 바에 따라 이익분배금이나 상환금 등을 확정하는 절차이다.

(2) 펀드결산의 주된 목적은 투자기간동안 발생한 이익금에 대한 원천징수에 있다. 다만, 주식, 채권 파생상품, 실물자산 등의 매매·평가 차익은 매년 과세하지 않고 보유기간 동안 손익을 합산하여 환매 시 일괄과세(적용여부는 집합투자 규약에서 정하는 바에 따름)하고, 이자 배당 등 소득은 매년 결산·분배하여 과세한다.

(3) 결산에 따른 이익분배금은 투자자에게 현금으로 돌려주기도 하지만 대부분의 펀드는 약관에 의해 「재투자」 처리된다.

(4) 집합투자업자 및 투자회사는 결산을 실시한 경우 회계감사를 받은 후 결산 서류(회계감사보고서, 수익자총회의사록 등)를 집합투자자

가 열람할 수 있도록 하여야 한다.

2) 결산 시기

(1) 일반적으로 「신탁회계기간」 종료일에 실시하며, 펀드의 「설정일」 [주] 전 영업일이 신탁 회계기간 종료일이다. 따라서 펀드의 설정일 전 영업일 마감 후로 결산을 실시하며, 재투자 일은 결산을 실시한 다음 영업일이다.

[주] 설정일이란 펀드를 최초로 구성한 일자로서
* 주식형, 채권형, 혼합형, MMF : 최초판매 개시일 익 영업일
* 설정일은 「펀드원장조회」를 통해 확인할 수 있음

3) 결산 방법

(1) 「결산 기준가격」으로 결산을 실시하며 결산 후 이익분배금은 투자자에게 현금으로 돌려주기도 하지만 대부분 약관에 의해 새로운 집합투자증권으로 분배하며, 이를 「재투자」라고 한다.

(2) 재투자제도는 이익분배금으로 당해 수익증권을 다시 매입하여 고객에게 지급 하는 것으로 고객의 편의와 수익을 높여주기 위하여 도입된 제도이다. 결산 후에는 고객의 수익증권 보유좌수가 늘고, 기준가격은 기초가격(1,000원)으로 조정된다.

(3) 결산은 펀드결산일에 잔고가 있는 모든 계좌에 대하여 실시한다. 다만, 결산일에 해당 펀드의 기준가격이 기초가격에 미달하는 경우(1,000원 미만)에는 결산을 연기할 수 있다.

[주] 이율, 이자지급 및 결산 등의 방법과 수준 및 대상 금융상품은 각 금융기관별로 다를 수 있음.

부록

4. 원천징수대상 세금 목록

1) 이자소득세

(1) 국내에서 거주자나 비거주자에게 금융소득으로 인해 발생된 이자에 대한 소득금액을 지급하는 자(금융기관 등)는 그 거주자나 비거주자에 대한 소득세를 원천징수(금융소득 이자에 대한 세금을 공제 하는 것)하여야 한다.

(2) 원천징수세율

① 원천징수의무자가(금융기관) 원천징수하는 소득세는 그 지급하는 소득금액에 다음의 세율을 적용하여 계산한 금액을 세액으로 한다.

· 만기 10년이상 채권의 이자로서 분리과세를 신청한 경우 30% 주

· 기타의 이자소득금액에 대하여는 14% (2005.1.1 ~)

② 이자소득을 지급하는 시기까지 지급받는 자의 실지명의가 확인되지 아니하는 소득에(비실명소득, 차명소득) 대하여는 위 세율에 불구하고 "금융실명거래 및 비밀보장에 관한 법률" 에 따라 90%의 세율을 적용한다.

주 2004년도 소득세법 개정에 따른 분리과세요건 변경

* 장기저축 : 5년 이상 장기저축 → 분리과세불가
* 채권 : 5년 이상 채권 → 10년 이상 채권

구 분	변경전	현재 (시행일2004.1.1)	비고
장기저축	5년 이상 장기저축	분리과세 불가	2004.1.1부터 5년 이상 장기저축에 대하여 과세 불가 다만, 2003.12.31까지 가입분에 한하여 만기일까지 분리과세 선택가능
채권	5년 이상 채권	만기10년 이상 채권	만기10년 이상 채권의 경우도 10년 이내 중도상환권이 있는 경우는 제외 다만, 2003.12.31까지 매출된 채권(5년 이상)의 경우 만기일까지 기존대로 분리과세 선택가능

(3) 비과세 및 저율과세

① 장기주택마련저축 : 이자소득세, 지방소득세 및 농어촌특별세 비과세(전액 비과세)

② 근로자우대저축 : 이자소득세, 지방소득세 및 농어촌특별세 비과세(전액 비과세)

③ 우리사주조합기금에서 발생한 이자소득 : 이자소득세, 지방소득세 및 농어촌특별세 비과세 (전액 비과세)

④ 세금우대종합저축 : 이자소득세 9% (농어촌특별세 포함 9.5%, 2005.1.1부터)

2) 법인세

(1) 원천징수 및 과세코드

① 국내에 본점 또는 주사무소를 둔 법인(내국법인) 또는 국내 원천소득이 있는 외국법인에게 금융소득발생으로 인한 이자 지급 시 14%(2005.1.1부터)의 세율을 적용하여 이자에 대한 소득금액을 지급하는 자(금융기관 등)는 원천징수(금융소득 이자에 대한 세금을 공제 하는 것)하여야 한다.

② 신탁업법 및 증권투자 신탁업법에 의한 신탁재산을 직접 운용하거나 보관·관리하는 타 금융기관(타행 신탁부 포함) 등이 예금주(수익자)인 경우에는 신탁재산을 운용한 타 금융기관에서 대리하여 원천징수하며 지급은행은 원천징수하지 않는다. (금융기관간 거래)

(2) 비과세 및 원천징수면제

① 비과세법인은 국가, 지방자치단체 등 납세의무가 없는 법인으로서 금융소득에 따른 이자소득을 지급 하더라도 과세하지 아니한다. 국가행정기관, 국공립학교, 군부대 등이 이에 해당되며, 실무상 사업

자등록번호의 가운데 두자리가 “83”이면 비과세법인 으로 본다.

② 법인세법 시행령 제111조의 “금융보험업을 영위하는 법인”에게 지급하는 금융 소득에 따른 이자 소득은 원천징수를 면제한다. 다만, 양도성예금증서(은행등록발행 포함), 무기명 정기예금, 표지어음 및 채권등의 이자(할인액)를지급하는 때에는 원천징수 하여야 한다.

③ 정부관리기금은 그 기금의 운용자금임을 입증하는 서류를 제출하면 원천징수 하지 아니한다.

3) 농어촌특별세

(1) 원천징수대상

① 1994.7.1부터 2014.6.30까지 한시적으로 운영하는 “한시목적세”로 감면되는 소득세 또는 일정요건에 해당하는 법인세, 관세, 취득세, 등록세 등에 대하여 부과한다.

(2) 농어촌특별세가 부과되는 조세감면저축

① 근로자장기저축 (2001.1.2 신규취급 중지)

② 세금우대종합저축

(3) 농어촌특별세가 비과세되는 조세감면저축

① 장기주택마련저축, 근로자우대저축

② 개인연금신탁, 신 개인연금신탁 (2001.1.2 신규취급 중지)

③ 장학적금 (2001.1.2 신규취급중지)

(4) 과세표준과 원천징수세율

① 소득세 감면세액(일반세율과 감면세율의 차이)을 과세표준으로 하며, 세율은 과세표준의 10%로 한다.

4) 지방소득세

(1) 원천징수대상

① 개인과 국내에 사업장이 없는 외국법인에게 금융소득에 따른 이자를 지급하는 때에는 지방세법 제96조에 의한 지방소득세를 원천징수하여야 한다. 다만, 소득세법에 의하여 소득세가 면제되는 경우에는 지방소득세도 면제된다.

(2) 과세표준 및 원천징수세율

① 예금이자에 대한 이자소득세 납부세액(10원 미만 단수 절사 후 금액)을 과세표준으로 하며, 세율은 과세표준의 10%로 한다.

㈜ 은행에서 금융소득에 따른 이자지급 시 원천징수하는 지방소득세는 소득분 지방소득세이며, 거주 여부와 관계없이 본세에 부가되는 성격의 조세이다.

* 지방소득세의 분류
  - ㅇ 소득분 지방소득세 : 소득세분 지방소득세, 법인세분 지방소득세
  - ㅇ 종업원분 지방소득세

부록

5. 원천징수 세액의 계산 및 납부

1) 원천징수 세액의 계산

(1) 산출세액 단수절사

① "국고금 단수계산법"에 의해 소득세, 법인세, 농어촌특별세 및 지방소득세는 1원 미만 단수는 절사하여 산출한다.

(2) 소액부징수

① 법인은 법인세 산출세액이 1,000원 미만인 때에는 원천징수가 면제된다.(개인에게 2002.1.1 이후 지급된 이자는 이자소득세, 농어촌특별세에 대한 소액부징수 제도 폐지로 1,000원 미만이라도 원

천징수함)

(3) 납부세액 단수절사

① "국고금 단수계산법"에 의해 소득세, 법인세, 농어촌특별세 및 지방소득세는 산출세액의 10원 미만 단수는 절사하여 납부한다.

6. 이자소득의 귀속시기(금융소득(이자)에 대한 세금을 공제하는 시기)

1) 각 금융상품별 귀속시기(납부시기)

(1) 예금, 적금 또는 부금의 이자

① 실제로 이자를 지급받는 날

② 원본에 전입된 날(특약이 있는 경우)

③ 금융상품 해약일

④ 금융상품 계약기간 연장일

⑤ 상속되거나 증여되는 경우는 상속개시일 또는 증여일

(2) 신탁의 수익(공사채형 증권투자신탁의 수익 포함)

① 신탁의 수익을 지급받는 날

② 원본에 전입된 날(특약이 있는 경우)

③ 신탁의 해약일, 증권투자신탁수익증권의 환매일

④ 계약기간 연장일

⑤ 상속되거나 증여되는 경우는 상속개시일 또는 증여일

(3) 무기명의 공채 또는 사채의 이자와 할인금액

① 지급을 받은 날

② 채권 등의 보유기간 이자상당액은 채권 등의 매도일 또는 이자 등의 지급일

● 원천징수세율 변경내용

<table>
<tr><th rowspan="3">기간</th><th colspan="6">개인 (거주자)</th><th rowspan="3">법인 세율</th></tr>
<tr><th colspan="3">일반</th><th colspan="3">세금우대</th></tr>
<tr><th>이자 소득 세율</th><th>주민 세율</th><th>합계</th><th>이자 소득 세율</th><th>농특 세율</th><th>합계</th></tr>
<tr><td>1991.01.01이후
1994.06.30이전</td><td rowspan="2">20.0</td><td rowspan="2">1.5</td><td rowspan="2">21.5</td><td>5.0</td><td>-</td><td>5.0</td><td>20.0</td></tr>
<tr><td>1994.07.01이후
1995.12.31이전</td><td>5.0</td><td>1.5</td><td>6.5</td><td>20.0</td></tr>
<tr><td>1996.01.01이후
1997.12.31이전</td><td>15.0</td><td>1.5</td><td>16.5</td><td>10.0</td><td>0.5</td><td>10.5</td><td>20.0</td></tr>
<tr><td>1998.01.01이후
1998.09.30이전</td><td>20.0</td><td>2.0</td><td>22.0</td><td>10.0</td><td>1.0</td><td>11.0</td><td>20.0</td></tr>
<tr><td>1998.10.01이후
1999.12.31이전</td><td>22.0</td><td>2.2</td><td>24.2</td><td>10.0</td><td>1.2</td><td>11.2</td><td>22.0</td></tr>
<tr><td>2000.01.01이후
2000.12.31이전</td><td>20.0</td><td>2.0</td><td>22.0</td><td>10.0</td><td>1.0</td><td>11.0</td><td>20.0</td></tr>
<tr><td>2001.01.01이후
2001.06.30이전</td><td>15.0</td><td>1.5</td><td>16.5</td><td>10.0</td><td>0.5</td><td>10.5</td><td>20.0</td></tr>
<tr><td>2001.07.01이후
2004.12.31이전</td><td>15.0</td><td>1.5</td><td>16.5</td><td>10.0</td><td>0.5</td><td>10.5</td><td>15.0</td></tr>
<tr><td>2005.01.01이후</td><td>14.0</td><td>1.4</td><td>15.4</td><td>9.0</td><td>0.5</td><td>9.5</td><td>14.0</td></tr>
</table>

● 원천징수 세율에 따른 세금공제 금액 사례

구 분		일반이자 지급대상	세금우대종합통장	국내법인	국내 사업장이 없는법인	비실명 대상
이자지급액		10,000원				
세금 (원천 징수 금액)	이자 소득세 (9.0%)	-	○	-	-	-
	이자 소득세 (14.0%)	○	-	○	○	-
	비실명이자 소득세 (90.0%)	-	-	-	-	○
	농어촌 특별세 (0.5%)	-	○	-	-	-
	지방 소득세 (10.0%) *이자소득세를 기준으로함. *주민세라고 함.	○	-	-	○	○
	세율 총계	15.4%	9.5%	14.0%	15.4%	99.0%
	세금총액	1,540원	950원	1,400원	1,540원	9,900원
차 감 지급액		8,460원	9,050원	8,600원	8,460원	100원

05 세율표

1. 법인세율

2018.7.22. 기준

과세표준	세 율
2억원 이하	과세표준의 100분의 10
2억원초과 200억원 이하	2천만원 + (2억원을 초과하는 금액의 100분의 20)
200억원 초과 3천억원 이하	39억 8천만원 + (200억원을 초과하는 금액의 100분의 22)
3천억원 초과	655억 8천만원 + (3천억원을 초과하는 금액의 100분의 25)

2. 소득세율

2018.7.22. 기준

종합소득 과세표준	세 율
1,200만원 이하	과세표준의 6.0%
1,200만원 초과 4,600만원 이하	72만원 + (1,200만원을 초과하는 금액의 15%)
4,600만원 초과 8,800만원 이하	582만원 + (4,600만원을 초과하는 금액의 24%)
8,800만원 초과 1억5천만원 이하	1,590만원 + (8,800만원을 초과하는 금액의 35%)
1억5천만원 초과 3억원 이하	3,760만원 + (1억5천만원을 초과하는 금액의 38%)
3억원 초과 5억원 이하	9,460만원 + (3억원을 초과하는 금액의 40%)
5억원 초과	1억 7,460만원 + (5억원을 초과하는 금액의 42%)

3. 상속·증여세율

2018.7.22. 기준

과세표준	세율
1억원 이하	과세표준의 100분의 10
1억원 초과~5억원 이하	1천만원 + (1억원을 토과하는 금액의 100분의 20)
5억원 초과~10억원 이하	9천만원 + (5억원을 초과하는 금액의 100분의 30)
10억원 초과~30억원 이하	2억4천만원 + (10억원을 초과하는 금액의 100분의 40)
30억원 초과	10억 4천만원 + (30억원을 초과하는 금액의 100분의 50)

4. 양도소득세율

2018.7.22. 기준

자산 구분		세 율		비 고
소득세율 적용대상 자 산	토지·건물·부동산에 관한 권리 및 기타자산	1,200만원 이하	6.0%	조정대상지역에 있는 주택으로서 1세대 2주택에 해당하는 경우에는 10%포인트 가산, 1세대 3주택이상에 해당하는 경우에는 20%포인트 가산함
		1,200만원 초과 4,600만원 이하	72만원 + (1,200만원을 초과하는 금액의 15%)	
		4,600만원 초과 8,800만원 이하	582만원 + (4,600만원을 초과하는 금액의 24%)	
		8,800만원 초과 1억5천만원 이하	1,590만원 + (8,800만원을 초과하는 금액의 35%)	
		1억5천만원 초과 3억원 이하	3,760만원 + (1억5천만원을 초과하는 금액의 38%)	
		3억원 초과 5억원 이하	9,460만원 + (3억원을 초과하는 금액의 40%)	
		5억원 초과	1억 7,460만원 + (5억원을 초과하는 금액의 42%)	
	비사업용 토지 등	1,200만원 이하	16.0%	
		1,200만원 초과 4,600만원 이하	192만원 + (1,200만원을 초과하는 금액의 25%)	
		4,600만원 초과 8,800만원 이하	1,042만원 + (4,600만원을 초과하는 금액의 34%)	
		8,800만원 초과 1억5천만원 이하	2,470만원 + (8,800만원을 초과하는 금액의 45%)	
		1억5천만원 초과 3억원 이하	5,260만원 + (1억5천만원을 초과하는 금액의 48%)	
		3억원 초과 5억원 이하	1억 2,460만원 + (3억원을 초과하는 금액의 50%)	
		5억원 초과	2억 2,460만원 + (5억원을 초과하는 금액의 52%)	

자산 구분		세 율	비 고
소득세율 적용제외 자 산	토지·건물·부동산에 관한 권리 1년 이상 2년 미만 보유 (주택 및 조합원입주권 제외)	40.0%	
	토지·건물·부동산에 관한 권리 1년 미만 보유 (주택 및 조합원입주권의 경우)	50.0% (40.0%)	
	미등기 양도자산	70.0%	
	중소기업의 주식 등 (대주주가 아닌 자가 양도하는 경우)	10.0%	
	상장 주식 중 과세표준 3억 이하	20.0%	
	상장 주식 중 과세표준 3억 초과	6천만원 + (3억원 초과액의 25%)	
	1년미만 보유한 주식등으로서 상장주식 등	30.0%	
	위에 해당하지 아니하는 주식 등	20.0%	
	파생상품 등	5.0%	

5. 취득세율

2018.7.22. 기준

구 분			취득세	농어촌특별세	지방교육세	합 계
주 택	6억 이하	85㎡ 이하	1.00%	비과세	0.10%	1.10%
		85㎡ 이하	1.00%	0.20%	0.10%	1.30%
	6억초과~ 9억 이하	85㎡ 이하	2.00%	비과세	0.20%	2.20%
		85㎡ 이하	2.00%	0.20%	0.20%	2.40%
	9억 초과	85㎡ 이하	3.00%	비과세	0.30%	3.30%
		85㎡ 이하	3.00%	0.20%	0.30%	3.50%
주택 외 매매(토지,건물 등)			4.00%	0.20%	0.40%	4.60%
원시취득, 상속(농지 외)			2.80%	0.20%	0.16%	3.16%
증 여			3.50%	0.20%	0.30%	4.00%
농 지	매 매	2년이상 자경	1.50%	비과세	0.10%	1.60%
		그 외	3.00%	0.20%	0.20%	3.40%
	상 속		2.30%	0.20%	0.06%	2.56%

6. 종합부동산세율

2018.7.22. 기준

구 분	과세표준	세 율
주 택	6억원 이하	0.50%
	6억원 초과 12억원 이하	0.75%
	12억원 초과 50억원 이하	1.00%
	50억원 초과 94억원 이하	1.50%
	94억원 초과	2.00%
종합합산토지	15억원 이하	0.75%
	15억원 초과 45억원 이하	1.50%
	45억원 초과	2.00%
별도합산토지	200억원 이하	0.50%
	200억원 초과 400억원 이하	0.60%
	400억원 초과	0.70%

참고자료

사전

경제용어사전 (더난출판 2010)
금융실무대사전 I , II, V(한국금융연수원 2006)
남북통일말사전 (두산동아 2006)
최신북한법령집: 개성공업지구세금규정(북한법연구회 2018)

경제사전 1, 2 (사회과학출판사 1985)
재정금융사전 (사회과학출판사 1995)

App(앱)

글동무 (앱 검색)
한눈에 보는 남녘말 북한말 (앱 검색)

인터넷

구글 (인터넷 검색)
국민연금홈페이지 연금정보 (인터넷 검색)
네이버지식백과 (인터넷 검색)
통계청 홈페이지 북한통계 (인터넷 검색)
생명보험협회 홈페이지 (인터넷 검색)
통일부 홈페이지 북한정보포털 (인터넷 검색)

인터뷰

새터민 인터뷰

색인

한국어

ㄱ

ㄴ

ㄷ

ㄹ

색인

ㅈ

색인

색인

영문색인